Mary L. Apelt

Wortschatz und mehr

Übungen für die Mittel- und Oberstufe

Verlag für Deutsch

deutsch üben

ist eine Reihe von Übungsbüchern zu Grammatik, Wortschatz und Rechtschreibung, die als kursunabhängiges Material zu jedem beliebigen Lehrbuch, zum Teil auch kurstragend benutzt werden können.

Sämtliche Bände sind auch für den Selbstunterricht geeignet.

Mein besonderer Dank gilt meinem Mann Hans-Peter, ohne dessen Ermunterung und Hilfe dieses Material nicht zustande gekommen wäre.

3.	2.	1.		Die letzten Ziffern
1998	97	96	95	bezeichnen Zahl und Jahr des Druckes.

Alle Drucke dieser Auflage können, da unverändert, nebeneinander benutzt werden.

1. Auflage 1995

Max-Hueber-Straße 8, D-85737 Ismaning/München
Umschlaggestaltung: Jürgen Schönwiese, München
Satz: Fotosatz Völkl, Puchheim
Druck und Bindung: Ludwig Auer, Donauwörth
Printed in Germany
ISBN 3-88532-652-3

Inhalt

Vorwort

Wortschatz und mehr ist ein Übungsbuch für Fortgeschrittene. Es kann lehrbuchunabhängig in der Klasse, in Kleingruppen oder beim Selbstlernen verwendet werden. Es umfaßt über fünfzig alphabetisch angeordnete Themen von *Alter* und *Arbeit* über *Computer, Film* und *Liebe* bis zu *Tod, Umwelt* und *Zeit.* Zu jedem Thema gibt es neun Übungen, vor allem zur Reaktivierung, Erweiterung und Vertiefung des entsprechenden Wortschatzes. Hinzu kommen Fragen zur Herkunft von Wörtern und zur Bedeutung von Redewendungen, Sprichwörtern und literarischen Zitaten. Die sprachlichen Übungen zur Landeskunde schließen Themen aus Geschichte und Literatur mit ein.
Es werden unterschiedliche Übungstypen angeboten, wie z. B. Wortbildungs- und Einsetzübungen, Zuordnungs- und Auswahlübungen, Rätsel, Fragen zu Wortherkunft und -bedeutung, zu Landeskunde, Literatur und Geschichte, wobei vor allem der sprachliche Aspekt berücksichtigt wird.
Die Übungen bieten unterschiedliche Schwierigkeitsgrade und können je nach Sprachniveau eingesetzt werden. Eine Vollständigkeit des jeweiligen Wortschatzes ist nicht beabsichtigt, ausschlaggebend sind zeitliche Überlegungen, das spielerische Element und ein Umfang, der vom Lerner bewältigt werden kann. Die Themen bzw. die dazugehörenden Übungen unterliegen keiner Progression; das Material kann also je nach Unterrichtssituation – und dabei auch auszugsweise – eingesetzt werden, z. B. zur Vorentlastung eines Themas, zur Vertiefung des entsprechenden Wortschatzes, als kurze spielerische Unterrichtsauflockerung, als Hausaufgabe oder zum Selbstlernen.
Der *Lösungsteil* ist mehr als ein Lösungsschlüssel: Er ist ein integrierter Arbeitsteil und sollte deswegen nach jeder Übung sofort herangezogen werden. Er beinhaltet weiterführende Erklärungen zum Wortschatz und dessen Herkunft, zu Hintergründen von Zitaten, Sprüchen und umgangssprachlichen (ugs.) Ausdrucksweisen. Auf diese Weise dient der Lösungsteil nicht nur zur Überprüfung, sondern bietet auch zusätzliche Arbeit zum Wortschatz und eine damit verbundene Verfestigung.
Bei den Aufgaben zur Reaktivierung des Wortschatzes und zur Wortbildung können im Lösungsteil mitunter nur Beispiele aufgeführt werden. Der Lerner muß in diesem Fall seine Lösungen vom Lehrer oder in einer Gruppe von Mitlernenden überprüfen lassen beziehungsweise ein Wörterbuch zu Hilfe nehmen.

Alter

A Welche Nomen fallen Ihnen bei dem Wort *Alter* ein?

B Wie alt?

1. ein Herr in den besten Jahren
2. in zartem Alter
3. er ist im kritischen Alter

C Wo liegt der Unterschied?

Er ist ins Altersheim gezogen.
Er hat sich auf sein Altenteil zurückgezogen.

D Welche Epoche bezeichnet das Wort *altdeutsch*?

– alles Deutsche aus der wilhelminischen Zeit (Jahrhundertwende)
– alles Deutsche der Spätgotik/Frührenaissance (14./15. Jahrhundert)
– alles Deutsche der Lutherzeit (16. Jahrhundert)

E Positiv oder negativ?

Er ist ein alter Hase.
Er gehört zum alten Eisen.

F Ein Sprichwort sagt: „Alter schützt vor Torheit nicht." Wann begeht man Torheiten normalerweise?

G Wie viele Bedeutungen gibt es dafür?

mein Alter

H Asiatische Kulturen sind älter als europäische. Warum bezeichnet man Europa trotzdem als „Alte Welt"?

I ***Altlasten* ist ein aktuelles Wort aus dem Umweltbereich. Was bedeutet es?**

Arbeit

A **Wo liegt der Unterschied?**

Arbeit	Stelle	Posten	Arbeitsplatz	Stellung
Job	Beruf	Amt	Dienst	

B **Bilden Sie Zusammensetzungen mit *Arbeit.***

Amt	kurz	Akkord	Kinder
Recht	Vertrag	Schicht	Zwang
Vermittlung	Dreck	Verhältnis	schwarz

C **arbeiten – schaffen – schuften**

1. Wir haben wochenlang wie die Sklaven _______________.
2. Endlich! Das wäre _______________!
3. _______________ wir es noch rechtzeitig?
4. Woran _______________ Sie?

D **Von welchen Berufen / Arbeiten sind die Namen abgeleitet?**

Schmidt	Meier	Hofmann	Eisenhower	Bergmann	Weber
Wagner	Huber	Drechsler	Wandschneider	Rademacher	Förster

E Was fehlt in dieser Volksdichtung?

Wer die Arbeit __________
und nach ihr rennt
und sich nicht drückt,
der ist __________.

F Welcher Spruch stammt von den Benediktinermönchen?

Bete und arbeite!
Wer arbeitet, sündigt nicht.

G Wäre das eine Arbeit für Sie?

Seil	Frau
Heirat	Sortierer
Toilette	Seher
Leib	Vermittler
Leiche	Wäscher
Müll	Tänzer
hell	Schlucker
Feuer	Wächter

H Wer gibt und wer nimmt die Arbeit eigentlich?

Arbeitgeber – Arbeitnehmer

I Wer war was?

Karl Marx (1818–1883)	„Vater“ des Katholischen Arbeitervereins
August Bebel (1840–1913)	Philosoph und Nationalökonom
Adolf Kolping (1813–1865)	Mitgründer der Sozialdemokratischen Arbeiterpartei

Auto

A Welche Teile bezeichnen die Wörter?

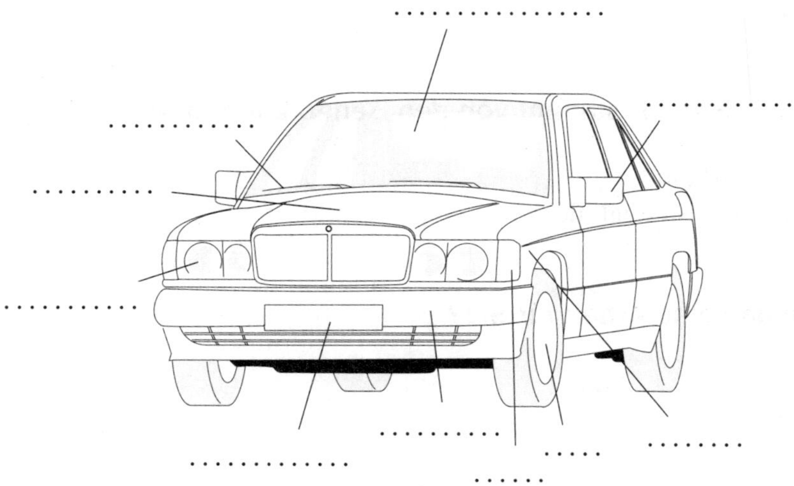

Stoßstange	Windschutzscheibe	Felge	Nummernschild
Scheinwerfer	Scheibenwischer	Rücklicht	Motorhaube
Kotflügel	Seitenspiegel	Kofferraum	Blinker

B Mein Auto – von Anfang bis Ende. Ordnen Sie chronologisch.

fahren	versichern	Motorschaden haben
aussuchen	verschrotten	zum TÜV bringen
kaufen	reparieren	zulassen

C rasen – rasten – rosten

1. Der Wagen ist ziemlich ___________.
2. ___________ nicht so! Wir haben Zeit genug.
3. Wer ___________, der rostet!

D Kennen Sie diese Fahrzeuge?

Wohnmobil	Sattelschlepper	Lieferwagen
Geländewagen	Kranwagen	Fuhrwerk

E Was bedeuten die Abkürzungen?

TÜV Kat PKW Kfz.-Vers. ADAC km/h LKW

F Gibt es das?

Autokino Autofriedhof Autowäsche Autonarr

G Welche Werkzeuge braucht man bei einem Reifenwechsel? Und wie lösen Sie die Radkappe?

H *auto* kommt aus dem Altgriechischen und heißt *eigen, selbst.* Welche Wörter gehören nicht hierher?

Autogramm	Autonomie	Autobahn	Autor
Automat	autogen	Autodidakt	Automobil

I Worauf deuten die Buchstaben bei den Autokennzeichen hin?

CD	Post
BYL	Bahn
BP	Diplomat
DB	Grenzschutz
BG	Landesregierung

Beziehung

A Was für Beziehungen kennen Sie?

B Welches Wort fehlt?

1. Der ___________ der Waren ist kostenlos.
2. Wir brauchen neue Bett___________.
3. In ___________ auf Ihre Frage teile ich Ihnen folgendes mit.
4. Seine monatlichen ___________ sind hoch.

C beziehungsweise – beziehungslos – beziehungsreich

1. Sie sahen sich ______________ an.
2. Die diplomatischen Beziehungen zu Amerika ______________ den USA wurden abgebrochen.
3. In den letzten Jahren lebten sie ______________ nebeneinanderher.

D Was können Sie alles beziehen?

E Es gibt eine Sorte Vitamin B, die in keiner Apotheke erhältlich ist. Um welche handelt es sich?

F Was denn?

Die beiden haben was zusammen.

G Ohne Beziehungen geht es nicht.

1. Er __________ über gute Beziehungen.
2. Die Firma wird als Lieferant auf unserem Gebiet immer wichtiger; wir sollten Beziehungen mit ihr __________.
3. Die beiden Länder haben wegen des Zwischenfalls ihre diplomatischen Beziehungen __________.
4. Die beiden Vorfälle __________ nicht miteinander in Beziehung.

H Was hat man von einer solchen Beziehung?

Bratkartoffelverhältnis

I Das gibt es nur in der Schweiz.

Rentenbezüger

Computer

A Welche Computerteile bezeichnen die Wörter?

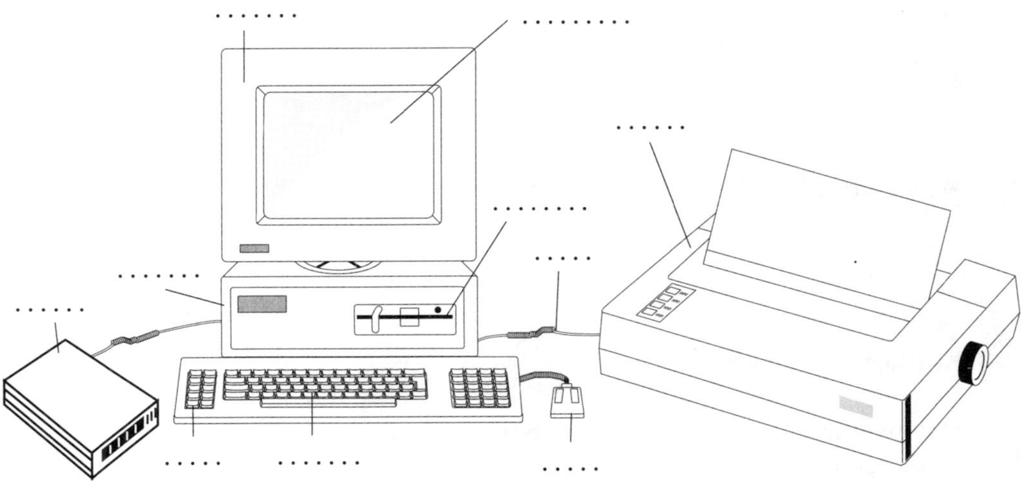

Bildschirm	Tastatur	Monitor
Laufwerk	Kabel	Modem
Drucker	Taste	Rechner
Maus	Zentraleinheit	

B Welche Wörter kann man zusammensetzen?

Text	Sprache
Betrieb	Format
Diskette	Taste
Funktion	System
programmieren	Verarbeitung

C auswerten – bewerten – verwerten

1. Ich habe das Ergebnis noch nicht, die vorliegenden Daten müssen noch __________ werden.
2. Wie __________ Sie das Ergebnis?
3. Nützen dir die Daten? Kannst du die __________?

D Wozu passen die Verben?

Getreide	verarbeiten
Feuer	eingeben
Arzneimittel	abrufen
Daten	speichern
Bücher	drucken
Geld	löschen
einen Schock	

E Was bedeuten die Abkürzungen?

EDV CUU DTP ROM

F Kennen Sie das?

Datenverarbeitungsanlage	Datenübertragungsgeschwindigkeit
Datenschutzbeauftragter	Datenkompression

G Der Computer als Mensch? Was bedeuten die Ausdrücke?

Computerkunst	Computergrafik
Computervirus	Computerausdruck

H Was für Sprachen sind das?

COBOL PASCAL BASIC FORTRAN C

I Unterstreichen Sie die Wörter, die etwas mit dem Computer zu tun haben.

Im März 1986 brachte Digital Equipment (DEC) die Version 4.4 des Betriebssystems VMS auf den Markt. Sie hatte einen Fehler, denn auch Benutzer ohne jegliche Privilegien konnten mit einem Trick auf die geschützte Paßwortdatei des Systems zugreifen. Die Hacker schrieben ein Manipulationsprogramm, mit dem sie genau diesen Softwarefehler ausnutzten, um sich weltweit höchste Benutzerprivilegien in VAX-Computern zu verschaffen.
(Aus: Hacker für Moskau – Deutsche Computer-Spione im Dienst des KGB)

Deutsch

A Versuche zur Eindeutschung von Fremdwörtern – Wie heißen die entsprechenden Fremdwörter? Welche der folgenden Wörter werden heute benutzt?

Eßlust	Fernsprecher	Rundfunk
Zerrbild	Einzelwesen	Stelldichein
Fallbeil	Tätigkeitswort	Personenkraftwagen
Freistaat	Gesichtserker	Datenverarbeitungsgerät

B Diese Ausdrücke sieht man auch in englischen Texten. Was bedeuten sie?

reinheitsgebot	schadenfreude	kindergarten
angst	gemütlichkeit	blitzkrieg
ostpolitik	hinterland	wunderkind
rucksack	weltschmerz	weltanschauung

C Welche Ausdrücke entsprechen sich?

norddeutsch	oberdeutsch
süddeutsch	niederdeutsch

D Worauf beziehen sich die Abkürzungen, und was bedeuten sie?

DAX DB Presse Aktien

dpa Fußball

DGB Bahn

DFB Gewerkschaft

E Was wird hier über die sprachlichen Umgangsformen der Deutschen gesagt?

Im Deutschen lügt man, wenn man höflich ist.
(Goethe, *Faust*)

F Von wem stammt der Ausspruch „Und es mag am deutschen Wesen einmal noch die Welt genesen"?

Joseph Goebbels (Propagandaminister im Dritten Reich)
Wilhelm II. (deutscher Kaiser, 1888–1918)
Emanuel Geibel (Dichter, 1815–1884)

G *Deutschtümelei* ist

– eine Verkleinerungsform von Deutschtum
– die übertriebene Betonung des deutschen Wesens
– eine besondere deutsche Verhaltensweise

H Das althochdeutsche Wort *diutisc* (deutsch) bezeichnet eine Sprache. Welche Besonderheit ergibt sich daraus für das Wort Deutschland z. B. im Gegensatz zu Frankreich, England?

I Woher stammt die Melodie der deutschen Nationalhymne?

Beethovens Neunte Symphonie
Haydns Kaiserquartett
Wagners Ring der Nibelungen

Essen I

A Welches Verb trifft zu?

zu Abend	knabbern
Tiere	zu sich nehmen
Kekse, Salzstangen und Nüsse	nehmen
Geräusch beim Essen	essen
Kleinkind	picken
Tabletten, Medizin	fressen
Vogel	mampfen
eine Kleinigkeit	schmatzen

B Was kann man alles aus Kartoffeln machen?

C Wie sagt man in Österreich?

Abendessen	Melange
Sahne	Nachtmahl
Milchkaffee	Schlagobers
Brötchen	Jause
Imbiß	Semmel

D Welche Stoffe bezieht der Körper aus dem Essen?

Kohlenhydrate	Sauerstoff	Ballaststoffe	Mineralien	Eiweiß
Harnsäure	Fette	Süßstoff	Vitamine	

E Kann man aus Kohl Mode machen? Versuchen Sie es, ändern Sie bei jedem Schritt einen Buchstaben.

KOHL
MODE

F „Erst kommt das Fressen, dann die Moral.“ Von wem stammt dieser Ausspruch?

Karl Marx   Bertolt Brecht   Martin Luther

G Wie wird Essen zubereitet? Welche Methoden kennen Sie?

H Na sowas!!

Ein Mensch aus Hamburg ist ein __________. Wer einen Menschen ißt, ist ein __________.

I Ungefähr je ein Drittel der Menschheit ißt mit den Fingern, mit Stäbchen oder Besteck. Nennen Sie Beispiele.

Essen II

A Wie heißen die Spezialitäten?

Dresden	Geschnetzeltes
Salzburg	Rösti
Kassel	Weißwurst
München	Stollen
Bern	Nockerl
Zürich	Torte
Linz	Rippchen

B Was muß man machen, wenn man einen Frosch im Hals hat?

C Welches Nahrungsmittel wird auch als Erdapfel oder Grundbirne bezeichnet?

D Welches Wort fehlt?

Das Essen liegt mir schwer im __________.
Ein guter __________ kann alles vertragen.

E Eine wirksame Diät! Was muß man tun?

FdH

F **Stimmt das?**

Viele Köche verderben den Brei.

G **Reim dich oder ich freß dich! Ergänzen Sie.**

Nach dem Essen sollst du __________
oder tausend Schritte __________.

H **In welchen Gegenden Deutschlands wird das gegessen? Wie heißt die internationale Version?**

Bulette   Fleischpflanzerl   Frikadelle

I **„Ich kann gar nicht so viel fressen, wie ich kotzen möchte." Wann hat der Maler Max Liebermann den Satz wohl von sich gegeben?**

– beim Anblick eines Kitschgemäldes
– nach der Machtübernahme der Nationalsozialisten
– während eines Empfangs zur Eröffnung der Berliner Sezession

Familie

A **Wie ist Ihr Familienstand? Welche anderen Möglichkeiten gibt es?**

B **Kinderschicksale – Was bedeuten die Wörter?**

Zwilling	Pflegekind	Waise	Schulkind
Einzelkind	Halbwaise	Adoptivkind	Straßenkind

C **Welches Wort gehört nicht hierher?**

Kleinfamilie	Großfamilie	Sippe
Clan	Wohngemeinschaft	Geschlecht

D Ein und dasselbe?

Freund des Hauses   Hausfreund

E Handelt es sich um eine Bauernfamilie?

Er ist das schwarze Schaf in der Familie.

F Ist mein Sohn ein Apfel?

„Mein Sohn segelt gern, genau wie mein Mann.“ – „Jaja, der Apfel fällt nicht weit vom Stamm.“

G Was bedeuten die Wörter?

Familienzusammenführung	Familienbad
Familiengruft	Familienfürsorge

H Aus welcher Sprache stammt das auch im Deutschen benutzte Wort *Mischpoke* (= Familie)?

Polnisch   Jiddisch   Schwyzerdütsch (Schweizerdeutsch)

I In Märchen tritt oft eine böse Mutter auf. Wie heißt sie?

Farben

A Welche Farben passen?

blut________	himmel________	gras________	schnee________
quitte(n)_____	rost____________	kastanien____	gift___________
raben_______	asch___________		

B Kennen Sie die Wörter?

Rotkohl	Blaukraut	Grünstreifen	Blaulicht
Weißwurst	Gelbfilter	Rotlichtbezirk	Braunkohle

C färben – malen – streichen

1. Erst wenn der Putz trocken ist, können die Wände ______________ werden.
2. El Greco hat seine Bilder oft in düsteren Farben ______________.
3. Nach der Erfindung der Anilinfarben wurden Textilien kaum noch mit Pflanzenfarbstoffen ______________.

D Was ist das?

Schwarzseher   Schwarzarbeit   Schwarzfahrer   Schwarzmarkt

E Warum nicht?

Er kommt auf keinen grünen Zweig.

F Was wird von ihm erwartet?

Er muß jetzt Farbe bekennen.

G Welche Farbbezeichnung paßt in alle Sätze?

1. Er arbeitet heute nicht, er macht ___________.
2. Er hat zuviel getrunken, jetzt ist er total ___________.
3. In ihren Adern fließt ___________ Blut, ihr Vater war ein Adliger.
4. Wir sind mit einem ___________ Auge davongekommen.

H Welcher Tag ist der Gründonnerstag?

I Welche Assoziationen ergeben sich bei den Adjektiven?

grün	UNO-Soldaten
rot	Nationalsozialismus
schwarz	Sozialismus
blau	Faschismus
braun	Umweltpartei
	Klerikalismus
	Kommunismus

Feste

A Nennen Sie familiäre, kirchliche und weltliche Fest- und Feiertage.

B Kennen Sie den Unterschied? Nennen Sie Beispiele.

bewegliches Fest – unbewegliches Fest

C Welches Wort gehört nicht hierher?

Festmesse Geburtstagsfest Festpreis Festmahl

D *Fest* oder *Feier?*

1. Macht ihr im Betrieb wieder ein___ Weihnachts___________?
2. Der 3. Oktober ist ein ___________tag.
3. Lange vor Weihnachten sind die Straßen der Stadt _____lich geschmückt.
4. Das Museum wurde mit einem ___________akt eröffnet.
5. Wann beginnen die Film_____spiele in Berlin?

E Zu welchem Fest paßt dieser Zungenbrecher?

Blaukraut bleibt Blaukraut und Brautkleid bleibt Brautkleid

F Warum das denn?

Nichts ist schwerer zu ertragen als eine Reihe von Feiertagen.

Aus: Leander Petzoldt, Volkstümliche Feste. C. H. Beck, 1983

G Welches Wort fehlt als Ergänzung?

1. Der Redner beschwor mit _____lichen Worten die kulturelle Tradition der Stadt.
2. Wie war die Geburtstags_____?
3. Diese ständige _____ei kostet zuviel Geld.
4. Wann habt ihr __________abend?

H Analysieren Sie das Wort *Hochzeit.* Woran erkennt man, daß dieses Fest etwas Besonderes ist?

I Was gehört zusammen?

Ostern	Kirmes
Fronleichnam	Kranz mit Kerzen
Schützenfest	Vatertag
Advent	Prozession
Christi Himmelfahrt	Eiersuchen
Kirchweih	Wettschießen

Film

A Bilden Sie Zusammensetzungen mit *Film* oder *Kino.*

Auto	Trick	Autor	Saal	Produzent	Werbung
Untergrund	Vorführraum	Gänger	Festspiele	Heim	

B Welche Berufe beim Film kennen Sie?

C Kennen Sie sich beim Film aus? Was bedeuten die Wörter?

Kamerafahrt	Drehbuch	Totale
Zeitlupe	Verleih	Leinwand
Filmsternchen	Dreharbeiten	Schnitt

D Nennen Sie Filmtypen.

E Was hat er vor?

„Heute abend? Pantoffelkino!“

F Wird hier ein neuer Film gebraucht?

Mir ist der Film gerissen.

G Ein ärgerlicher Kinobesuch. Warum?

________________ Sitze	________________ Einstellung
________________ Tonqualität	________________ Nachbarn
________________ Sitzreihen	________________ Vordermann

H Was für ein Film ist das denn?

Auf dem Wasser ist ein hauchdünner Film.

I Welcher Film ist von wem?

M – Eine Stadt sucht den Mörder	Wim Wenders
Paris, Texas	Werner Herzog
Der blaue Engel	Fritz Lang
Der dritte Mann	Josef von Sternberg
Der Händler der vier Jahreszeiten	Carol Reed
Jeder für sich und Gott gegen alle (Kaspar Hauser)	Rainer Werner Fassbinder

Fliegen

A Erfreuliche oder weniger erfreuliche Flugerlebnisse?

Beinfreiheit bequeme Sitze Kreisen Overbooking anspruchsvolles Unterhaltungsprogramm planmäßige Landung Entführung Turbulenzen aufmerksames Personal Jetlag Druckverlust in der Kabine Maschinenschaden Upgrading quäkende Lautsprecher

B Welche Teile bezeichnen die Wörter?

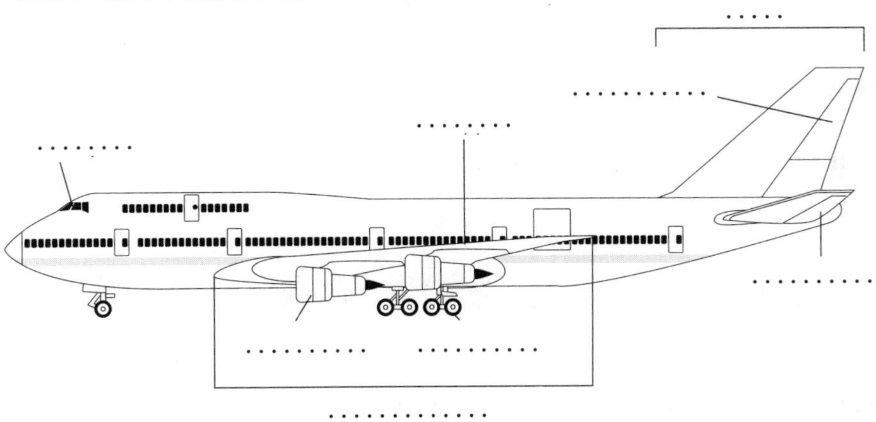

Triebwerk Fahrgestell Klappe Heck
Höhenruder Seitenruder Cockpit Tragfläche

C Welche Gegenstände darf man beim Fliegen nicht an Bord nehmen?

D Was für „Flug-Zeuge“ kennen Sie?

E Was ist der Unterschied?

Flugbahn – Startbahn   Warteschlange – Warteschleife

F Aus einem alten Volkslied

Wenn ich ein Vöglein wär,
__________ ich zu dir.

G Was hat das mit dem Fliegen zu tun?

Flugschrift   Flugblatt   Flugboot   Flugschreiber   Flugfisch

H Welche Ausdrücke der Luftfahrt stammen aus der Schiffahrt?

Kapitän	an Bord gehen	Ruder	Propeller	Steward
Heck	Flughafen	Passagier	Positionsleuchten	Kanzel
Tragfläche	Kontrollturm	Landebahn	Ladeluke	Fluglotse

I Von wem stammt das erste gesicherte Wissen vom Fliegen?

Ikarus   Otto Lilienthal   Gebrüder Wright

Flucht

A Welche Gründe gibt es für eine Flucht?

B Welches Wort gehört nicht hierher?

Fluchtauto	Fluchttunnel	Fluchtpunkt
Fluchtweg	Fluchthelfer	Fluchtverdacht

C Auf den Unterschied kommt es an!

Exil Emigration Auswanderung Flüchtling Vertriebener

D Was bedeutet „Ich kenne sie nur flüchtig"?

– Solange ich sie kenne, ist sie auf der Flucht.
– Ich kenne sie nur als oberflächliche Frau.
– Ich kenne sie nicht besonders gut.

E Kann man „in die Öffentlichkeit flüchten"?

F Was tut er jetzt?

Er hat die Flucht nach vorn ergriffen.

G *Fluchtgeschwindigkeit* ist

– die Schnelligkeit, mit der sich die Flucht vollzieht
– die benötigte Geschwindigkeit, um der Anziehungskraft eines Himmelskörpers zu entkommen
– die Geschwindigkeit, mit der Wasser oder Gas aus einem Druckkessel entweicht.

H Was bedeutet *Asyl*?

Flüchtlingslager Zufluchtsort Aufnahme

I Heimatlos?

Unstet und flüchtig sollst du sein auf Erden.
(Altes Testament)

Fremd

A Was gehört zum Fremdsein?

„Ui schau – was die auf dem Kopf hab'n …"

B Sind das alles dieselben Fremden?

Fremdenführer
Fremdherrschaft
Fremdenlegion
Fremdenbuch
Fremdenverkehr

C einheimisch – fremd – ausländisch – unbekannt

1. Kennen Sie sich hier aus? – Nein, ich bin hier ______________.
2. Die Regierung forderte die Verbraucher auf, die nationale Wirtschaft zu unterstützen und möglichst keine ______________ Waren zu kaufen.
3. Bad Mergentheim? Der Ort ist mir ______________.
4. Plötzlich wollten die Kunden nur noch importierte Waren kaufen, die ______________ blieben liegen.

D Sind das Fremdkörper?

Herzschrittmacher
Skelett
Wasser im Benzin
Glassplitter im Fuß
Staubkörnchen im Auge
der Körper eines anderen
Steinchen im Reis
Fremder unter Einheimischen

E **Was gehört nicht hierher?**

Ehebruch begehen	einen Seitensprung machen
ein Fremdenzimmer aufsuchen	fremdgehen

F **„Fremd ist der Fremde nur in der Fremde." Von welchem Schriftsteller und Komiker stammen derart vertrackte Sätze?**

Johann Nestroy (1801–1862)
Karl Valentin (1882–1948)
Wilhelm Busch (1832–1908)

G **Wenn Sie für eine Anschaffung nicht über genügend eigene Mittel verfügen, brauchen Sie eine Fremdfinanzierung. Welche Möglichkeiten gibt es?**

H **Schon die alten Griechen! Wie heißt das deutsche Wort für *Xenophobie?***

I **Welches Wort wird heute für Fremdarbeiter benutzt?**

Freude

A **Welche Reihenfolge können Sie sich vorstellen?**

Begeisterung	Heiterkeit	Entzücken
Ekstase	Vergnügen	Fröhlichkeit

B **Wie fühlen Sie sich, wenn das, worauf Sie sich gefreut haben, nicht eintritt? Nennen Sie drei Empfindungen.**

C **Freude – Glück – Fröhlichkeit**

1. ________________ in der Liebe, Pech im Spiel. (Sprichwort)
2. Ich habe das mit großer ________________ gehört.
3. Sie ist von ansteckender ________________.

D Was sagt man heute dazu?

Freudenmädchen Freudenhaus

E Welche Freude ist die schönste?

F Welche Freude ist hier gemeint?

Wer den Schaden hat, braucht für den Spott nicht zu sorgen. (Sprichwort)

G Was tut man vor Freude? Schreiben Sie Sätze.

Freudentränen Freudengeheul
Freudensprünge freudetrunken

H Woher leitet sich das Wort *Freudianer* ab?

I Von wem stammt die „Ode an die Freude" („Freude, schöner Götterfunken"), und wer hat sie vertont?

Geist I

A Welche Formen geistiger Arbeit kennen Sie?

B Welches Wort gehört nicht hierher?

Geisterroman Geistergeschichte
Geisterfahrer Geisterbeschwörer

C geistig – geistlich – geistreich

1. Im Deutschen Reich des Mittelalters gab es weltliche und ______________ Fürsten.
2. Das war keine ______________ Bemerkung!

3. Dieser Text ist mein _______________ Eigentum.
4. Auch _______________ Arbeit kann sehr anstrengend sein.

D Geisteswissenschaften oder nicht?

Mathematik	Jura	Germanistik
Betriebswirtschaft	Philosophie	Kunstgeschichte

E Um wieviel Uhr beginnt die Geisterstunde, und wie lange dauert sie?

F Der Geist als Vater?

Ich habe schnell gemerkt, wes Geistes Kind er ist.

G Ein Geistesblitz ist

– die Vision eines Blitzes
– ein plötzlicher Einfall
– das plötzliche Erscheinen eines Geistes

H Mit dem Wort *Geist* sind *Gischt, Gärung* verwandt. Was bedeuten diese Ausdrücke?

I Damals wie heute ... Bringen Sie Beispiele aus der heutigen Welt.

Die ich rief, die Geister, werd' ich nun nicht los.
(Goethe, *Zauberlehrling*)

Geist II

A Körperliche, geistige oder geistliche Tätigkeit?

Messe lesen	Manuskript lesen	meditieren
in ein Computerprogramm einbrechen		Geldschrank knacken
marschieren	dirigieren	predigen

B Was sind geistige Getränke?

- alkoholfreie Getränke
- Getränke, die den Geist beleben
- Getränke mit starkem Alkoholgehalt

C Wer ist für Geisteskranke zuständig?

Heilpädagoge	Psychiater	Psychoanalytiker
Neurologe	Neurochirurg	

D Welches Wort gehört nicht hierher?

Geistesgegenwart	Geistesschärfe
Geisteshaltung	Geistesgabe

E Wer fährt mit der Geisterbahn?

F Vorwurf oder Anerkennung?

Du gehst mir auf den Geist!

G Was ist passiert?

Er hat seinen Geist aufgegeben.

H Was ist Weingeist?

- der Beschützer der Weintrinker
- die Wahrheit nach dem erhöhten Weingenuß
- Äthylalkohol

I Wer gewinnt wohl?

Der Geist ist willig, aber das Fleisch ist schwach.

Geld

A Bilden Sie Wortkombinationen mit *Geld.* Was bedeuten sie?

Heirat	Schrank	Buße	Sack
Verkehr	Schneiderei	Geschäft	Markt

B *Bank* oder *Kasse?* Bilden Sie Zusammensetzungen.

Blut	Kranke	Zettel	Überweisung
Daten	Geheimnis	Garten	sparen

C zahlen – bezahlen – zählen

1. Ich habe das ganze Geld noch einmal __________, es stimmt.
2. Ich mußte fünfzig Mark Strafe __________.
3. Die Rechnung ist noch nicht __________.
4. __________ Sie bar oder mit Kreditkarte?

D Welchen Beruf möchten Sie erlernen?

Geldwechsler   Münzmeister   Geldfälscher   Finanzberater

E Was regiert die Welt?

F Was gehört zusammen?

Schilling	Öre	Deutschland
Gulden	Rappen	Schweden
Franken	Groschen	Schweiz
Mark	Cent	Niederlande
Krone	Pfennig	Österreich

G Ein Motor wird mit Öl geschmiert. Und ein Mensch?

H **Seit dem 14. Jahrhundert gibt es im Deutschen viele italienische Wörter aus dem Bankwesen. Wie heißen diese Wörter auf deutsch?**

banca credito conto cassa brutto capitale bilancio banca rotta

Und woher kommt das Wort Dollar?

I **Bei welcher Gelegenheit wurde der Satz „Pecunia non olet" (Geld stinkt nicht) von dem römischen Kaiser Vespasian ausgesprochen?**

- bei der Einführung einer Toilettensteuer
- beim Besuch einer Düngerfabrik
- bei der Öffnung einer verschimmelten, stinkenden Geldtruhe, die er als Geschenk bekommen hatte

Gesellschaft

A **Kennen Sie die Wörter? Was bedeuten sie?**

Gesellschaft	Geselle	gesellig
sozial	Sozialismus	Soziologie

B **Bilden Sie jeweils zwei Wortzusammensetzungen mit *Gesellschaft.***

Abend Reise Wissenschaft

C Gesellschaft – Gemeinschaft – Genossenschaft

1. Die Kleinbetriebe der Gegend haben sich zu einer _______________ zusammengeschlossen und organisieren gemeinsam den Verkauf ihrer Produkte.
2. Ich fühle mich in seiner _______________ wohl.
3. Die Exilanten bildeten in der neuen Umgebung eine enge _______________.

D Wie viele Bedeutungen des Wortes *Klasse* kennen Sie?

E Von wem wird das erwartet?

„Von ihnen erwartet man auf dem Gebiete der Etikette die gleiche Vorbildlichkeit, mit der sie ihre verantwortungsvollen beruflichen Aufgaben mehr oder weniger vollkommen lösen.“

(aus einem Buch der Etikette der fünfziger Jahre)

F Was wird hier ausgedrückt?

Eine feine Gesellschaft ist das!

G Was bedeuten die Begriffe?

bürgerlich

offen — Gesellschaft — postmodern

schlecht — besser

industriell

menschlich — geschlossen

H Was bedeutet das Wort *Gesellschaftslehre?*

Soziologie   Marxismus   Buch der Etikette

I Woher stammt das Wort *Gesellschaftsvertrag?*

– aus der Lehre von Karl Marx
– aus der Verfassung der USA
– aus einer Schrift von Jean Jacques Rousseau

Haushalt

A Welche Haushaltsgeräte kennen Sie?

B Jetzt und früher

Staubsauger	Kohlenkeller
Waschmaschine	Ventilator
Stereoanlage	Leine und Klammern
Lampe	Besen
Zentralheizung	Backofen
Klimaanlage	Waschkessel und Waschbrett
Mikrowellenherd	Kamin
Öltank	Kerze
Wäschetrockner	Grammophon

C Welches Wort paßt nicht in die jeweilige Gruppe?

Beistelltisch	Putzlappen	Bratpfanne	Lesebrille
Nachtisch	Waschlappen	Kuchenform	Sonnenbrille
Eßtisch	Geschirrtuch	Wok	Fernsehbrille
Schreibtisch	Scheuerlappen	Kochlöffel	Klobrille

D Welchen Handwerker rufen Sie, wenn

1. die Toilette nicht spült?
2. das Radio keinen guten Empfang hat?
3. die Zentralheizung kalt bleibt?
4. die Fensterscheibe zerbrochen ist?
5. Sie Ihren Hausschlüssel verloren haben?

E **Welches Tier hat zwei Löffel?**

F **Was muß sie lernen?**

Sie kann nicht haushalten.

G **Was dient zum Be- bzw. Verdecken von ...?**

Betten Wänden Fenstern Fußböden Töpfen

H **Welches Tier gehört nicht in die Küche?**

Hahn Wolf Maus

I **„Selbst ist der Mann!“ – Kennen Sie ein Sprichwort, das Ähnliches besagt?**

Hotel

A **Welche Berufe werden in einem Hotel ausgeübt?**

B **Bilden Sie Zusammensetzungen mit *Hotel.***

C **Was haben diese Einrichtungen gemeinsam? Worin liegt der Unterschied?**

Hotel garni Pension Herberge Heim Gästehaus
Skihütte Appartement-Hotel Privatunterkunft

D **Kennen Sie den Unterschied?**

Hotelier – Hotellerie

E Was bedeuten die Ausdrücke?

Bettenburg Stundenhotel Absteige Nachtasyl

F In welcher Art von Hotel wird medizinische Betreuung angeboten?

G buchen – ausbuchen – verbuchen – abbuchen

1. Das Restaurant ist leider ______________.
2. Habt ihr ein Hotel ______________?
3. Sie können das von meinem Konto ______________.
4. Mit diesem Vorschlag könnten Sie einige Pluspunkte ______________.

H Sind Sie „up to date“ (= auf dem neuesten Stand)? Wie heißen die Ausdrücke auf deutsch?

Swimmingpool	Sightseeing	Hotelsafe	Lift
Welcome drink	Hotellobby	Roomservice	

I Welche Einrichtungen erwarten Sie in einem sehr guten Hotel?

Informatik

A Nennen Sie Beispiele/Gegenstände, wo Mikroprozessoren verwendet werden.

B Welche Wörter kann man kombinieren?

Programm	Analyse
Programmieren	Code
Loch	Kapazität
Problem	Ablauf
Software	Entwicklung
Speicher	System
Betrieb	Sprache
binär	Karte

C Was ist ein Halbleiter?

– zweite Person/Partner in einem Führungsteam
– Speicherelement
– besondere Leiter beim Kesselbau

D Viele bekannte Wörter aus der Normalsprache werden im Bereich von Informatik und Computer mit anderer Bedeutung verwendet. Was bedeuten sie dort?

Programm	Sprache	Speicher	Menü
Fenster	Schlüssel	Drucker	

E Ergänzen Sie den Spruch.

Lieber ______________ Dummheit als künstliche ______________!

F Wann sagt man „Nach Adam Riese ist das ...“?

G Was paßt zusammen?

Software	eingeben
Paßwort	vernichten
Virus	laden
Computer	eingeben
Datei	ausschalten
Befehl	entwickeln
Betriebssystem	anlegen

H Welches Wort wird mit *Fax* abgekürzt?

I Woher kommt das Wort *Algorithmus?*

Hermann Hollerith (1860–1929)
Gottfried Wilhelm Leibniz (1646–1716)
Ibn Musa Al-Charismi (9. Jahrhundert)

Jugend

A Was bedeuten die Ausdrücke?

Jugendlicher Junge Junggeselle Jungfrau
Jünger Jungbrunnen Jüngling

B Gibt es das in Ihrem Land?

Jugendschutz Jugendfunk Jugendamt

C Kennen Sie den Unterschied?

schwerer Junge grüner Junge die blauen Jungs

D Was ist Jugendstil?

- eine Kunstrichtung
- eine Moderichtung
- eine Jugendsprache

E Jugendsünden – Eine schöne Erinnerung?

F Sind Sie derselben Meinung?

Jung gefreit hat nie gereut.

G Welches Wort gehört nicht hierher?

Jugendrichter Jugendstrafe Jugendheim Jugendarrest

H In der DDR gab es die Jugendweihe, die auch heute noch vollzogen wird. Welche christliche Zeremonie sollte sie ersetzen?

I **Wo wurde die erste Jugendherberge der Welt eingerichtet? Und wo da?**

- in Österreich
- in der Schweiz
- in Deutschland

Jugendsprache

A **Die folgenden Ausdrücke bedeuten alle dasselbe. Was aber?**

geil, abartig, echt, irre, total, wahnsinnig, affengeil, steil, toll, klasse, stark, Spitze, super

B **Männliche oder weibliche Person?**

Typ	Biene	Tussi	Macker	Flamme	Puppe	Alter
Macho	Braut	Freak	Kumpel	Mieze	Tante	Schnalle

C **Welches Wort paßt nicht?**

Jugendsprache   Jargon   Fachsprache   Slogan   Geheimsprache

D **Ohne das geht gar nichts! Was ist mit den folgenden Wörtern gemeint?**

Knete   Kies   Moos   Flöhe   Zaster   Möpse   Mäuse   Piepen

E **Kennen Sie solche Leute?**

Chauvi	Knacki	Fundi	Grufti	Realo	Macho
Hirni	Promi	Fuzzi	Softie	Brutalo	Schwuli

F Sprüche aus der Spraydose – Kennen Sie die Graffiti?

Lieber fernsehmüde als radio________.

Lieber krank feiern als ________ arbeiten.

Lieber am Busen der Natur als am ________ der Welt.

Lieber arm dran als ________ ab.

Lieber lang im Bett als ________ im Büro.

Lieber im Regen________ als im Kugelhagel.

Lieber Farbe auf dem Klo
als ________ im Malkasten.

G Welche Ausdrücke entsprechen sich?

Jugendsprache	*Normalsprache*
große Kohle	tolles Mädchen
heißer Ofen	viel Geld
steiler Zahn	dummes Gerede
geiles Feeling	schnelles Fahrzeug
beknacktes Gesabber	starkes Gefühl

H Ist jemand verreist, wenn er „auf dem Trip“ ist?

I Wie heißt das Original, das hier ironisiert wird?

Was lange währt, wird auch nicht besser.
Wer andern eine Grube gräbt, ist Bauarbeiter.
Radfahrer aller Länder, vereinigt euch!
Seid furchtbar und wehret euch!
Der Student geht so lange zur Mensa, bis er bricht.

Kommunikation

A Was fällt unter den Begriff *Kommunikation?*

lehren	faxen	fahren	kaufen	lieben	beten
produzieren	verkaufen	predigen	Handel treiben		

B Was sind Massenmedien? Bringen Sie Beispiele.

C Welchen Ursprung haben die Ausdrücke?

Der hat aber eine lange Leitung.
Bei dem fällt der Groschen aber langsam.

D Wer kann hier helfen?

Der Apparat hat einen Wackelkontakt.

E Welches Kommunikationsproblem gibt es hier?

Ich verstehe nur Bahnhof!

F Was verstehen Sie unter diesen umgangssprachlichen Ausdrücken?

Quasselstrippe
Beziehungskiste
Flimmerkiste
Glotze

G Körpersprache – Was drücken die Körperbewegungen aus?

Kopf schütteln	Unsicherheit
nicken	Arroganz
den Zeigefinger an die Stirn tippen	Zustimmung
die Hände in die Hüfte stemmen	Verwunderung/Verneinung
beim Sitzen die Beine verknoten	Beleidigung

H Was haben die Wörter mit dem lateinischen *communis* (= gemeinsam) zu tun?

Kommunion   Kommunikation   Kommune   Kommunismus

I Wer gilt als der Entdecker des ersten Kommunikationswegs rund um den Globus?

Jules Verne   Marconi   Magellan

Körperteile I

A Nennen Sie äußere Körperteile.

B Welche Körperteile passen? Manchmal gibt es mehrere Möglichkeiten.

____________flügel	____________winkel
____________lid	____________läppchen
____________nagel	____________scheibe

C stehenbleiben – halten – stocken

1. ____________ den Mund!
2. Für einen Moment ____________ mein Herzschlag.
3. Mein Herz drohte ____________.

D Von welchen Organen ist die Rede?

1. Das hätte leicht ins _______________ gehen können.
2. Was haben Sie denn auf dem _______________?
3. Er redet frisch von der _______________ weg.
4. Ein guter _______________ kann alles vertragen.

E Kennen Sie den Unterschied?

Du willst mich wohl auf den Arm nehmen?!
Wir müssen ihr unter die Arme greifen.

F Kann sie jetzt noch richtig sehen? Welches Wort fehlt?

Sie hat ein ___________ auf ihn geworfen.

G Was man so sagt ...

1. Sie hat ___________ auf den Zähnen.
2. Das ist doch an den ___________ herbeigezogen!
3. Er läßt kein gutes ___________ an ihr.
4. Mir standen die ___________ zu Berge.

H Hals- und Beinbruch!

– ein ironischer Skifahrergruß
– die Verballhornung eines Segensspruches aus dem Jiddischen
– der Rest eines alten Glückwunsches der Bergsteiger

I Aus deutschen Landen frisch auf den Tisch. Mahlzeit!

Saure ___________	Bries
___________knödel	Lunge
Pfälzer Sau___________	Nieren
___________haschee	Leber
Kalbs___________	Magen

Körperteile II

A **Wie viele Beine hat der Mensch? Eine dumme Frage, nicht wahr? Oder?**

B **Gibt es das?**

Bauchbinde	Kniestrümpfe	Ohrenschützer	Fingerhut
Stirnband	Knieschoner	Schulterpolster	Raucherbein

Und das?

Säuferleber Wanderniere Sportlerherz

C **Wo? Wohin?**

1. Die Nachricht schlug mir auf ____________________.	Ohren
2. Sie hat es faustdick hinter ____________________.	Auge
3. Sie wollen mir nur Sand in ____________________ streuen.	Zähne
4. Sie hat Haare auf ____________________.	Augen
5. Das paßt wie die Faust aufs ____________________ .	Magen

D **Welche Kopfbedeckungen kennen Sie?**

E **Was sind das für Leute? Tun sie das wirklich?**

Knochenbrecher	Langfinger	Kopfjäger
Halsabschneider	Herzensbrecher	Augenzeuge

F **Warum das denn?**

1. Er lebt von der Hand in den Mund.
2. Ihm steht das Wasser bis zum Hals.
3. Er nahm seine Beine in die Hand.

Mit Kind und Kegel.

Mit Ach und Krach.

Mit Leib und Leben.

Mit Mann und Maus.

G Doppelt gemoppelt

1. Die Sache hat Hand und __________.
2. Er ist mit Leib und __________ dabei.
3. Die beiden sind ein ________ und eine Seele.
4. Das ist mir in Fleisch und __________ übergegangen.
5. Das Geschrei ging mir durch Mark und __________.

H „Ich bin von Kopf bis Fuß auf Liebe eingestellt" ist der Titelsong aus:

- Die Dreigroschenoper (Bühnenstück)
- Der blaue Engel (Film)
- Die lustige Witwe (Operette)

I Von welchem Körperteil ist die Rede?

Wenn jeder wüßte,
Was er mich könnte,
Und es auch täte –
Nie käme ich zum Sitzen.
(Goethe, *Götz von Berlichingen,* III, 4)

Kultur

A Welche städtischen Kultureinrichtungen kennen Sie?

B Bilden Sie Zusammensetzungen mit *Kultur.*

Politik	Beutel	wohnen	Film
hoch	Körper	Institut	Programm

C kulturell – kultiviert – kultisch

1. Sie ist eine sehr _______________ Frau.
2. Das ist von großem _______________ Wert.
3. Dieser Hügel war in alter Zeit ein _______________ Ort.

D Theater – Film – Literatur – Architektur – Musik? Zu welchen Bereichen gehören die folgenden Berufe?

Bibliothekar Instrumentenbauer Maurer Drehbuchautor
Bühnenbildner Drucker Komparse Verleger Souffleur
Statiker Lektor Maskenbildner Redakteur Zeichner
Double Dirigent Schnittmeister Regieassistent Requisiteur
Graphiker Magazinverwalter Installateur Beleuchter
Komponist Stuntman Spielleiter Intendant

E Kultur- oder Kultfilm?

Rocky Horror Picture Show
Das Liebesleben der Ameisen

F Wem macht man einen solchen Vorwurf?

Kulturbanause!

G Wer hat hier wann gekämpft?

Kulturrevolution Kulturkampf

H Viele Ausdrücke in der Land- und Forstwirtschaft sind Zusammensetzungen mit dem Wort *Kultur,* z. B. Baumkultur, Kulturpflanze. Warum?

I Die *multikulturelle Gesellschaft* ist ein Schlagwort unserer Tage. Nennen Sie ein Beispiel.

Land

A Worin liegt der Unterschied?

Land   Erde   Boden   Feld   Acker   Grundstück

B Was gehört zusammen?

Unkraut	säen
Gras	pflügen
Feld	ernten
Samen	mähen
Kartoffeln	jäten

C Nicht verwechseln!

Landmann – Landsmann

D Welches Wort gehört nicht hierher?

Landflucht   Landmacht   Landstraße   Landfunk

E Wer oder was ist damit gemeint?

Landratte

F Welche unterschiedlichen Verhaltensweisen kommen in den Sätzen zum Ausdruck?

Bleib im Lande und nähre dich redlich. (Sprichwort)
Ich will mein Glück probieren, marschieren … (aus einem Volkslied)

G Welche Präpositionen und Artikel fehlen?

1. Er kommt __________ Lande.
2. Wir ziehen __________ Land.

3. Viele Jahre gingen __________ Land, und das Volk vergaß die alte Weissagung.
4. Nach der Zollabfertigung im Hafen können wir __________ Land gehen.
5. Er ist __________ Landes gegangen.

H Welche Länder sind hier gemeint?

Das Land der unbegrenzten Möglichkeiten
Das Gelobte Land

I In Österreich gibt es einen *Landeshauptmann.* Welches politische Amt bekleidet er?

Leben

A Bilden Sie Zusammensetzungen mit Leben.

B Was benötigt die Familie?

Sie hat nicht genug zum Leben.

C Welche Verben passen?

1. Er wollte sich das Leben ______________, aber seine Freunde haben ihn rechtzeitig davon abgehalten, und so ist er am Leben ______________.
2. Er hat mir nach dem Unfall das Leben ______________.
3. Königin Luise hat einem kräftigen Sohn das Leben ______________.
4. Die beiden ______________ ein behagliches Leben.

D Der Lebensweg – Ordnen Sie die Verben chronologisch.

sich schleppen gehen liegen liegen krabbeln

E **Regeln Sie Ihr Leben! Ändern Sie bei jedem Schritt einen Buchstaben.**

REGEL
LEBEN

F **Was folgern Sie aus dem Sprichwort?**

Wer angibt, hat mehr vom Leben.

G **Bilden Sie Adjektivkombinationen.**

1. Er wurde zu lebens__________ Gefängnis verurteilt.
2. Nach so vielen Schicksalsschlägen wäre ich auch lebens__________.
3. Was er da macht, ist lebens__________, dabei kann er sterben.
4. Er ist ein lebens__________ Stubengelehrter.
5. Ohne ärztliche Hilfe wäre das Kind nicht lebens__________.
6. Diese Medizin ist für sie lebens__________.

H **Kann man ein Stilleben führen?**

I **Was sagt man stattdessen auch?**

Adieu!

Liebe

A **Bilden Sie neue Wörter mit *Liebe.***

Leben	Heimat	Kummer	Tier
Paar	Männer	Brief	Schüler
Film	Natur	Geschichte	Hunger

B Hier fehlen Vorsilben. Bringen Sie die Wörter in eine chronologische Reihenfolge.

_____lobt _____schieden _____heiratet _____liebt _____witwet

C liebevoll – lieb – lieblich

1. Er hat seinen kranken Vater jahrelang ______________ gepflegt.
2. Das ist mir ______________.
3. Wenn man dort aus den Bergen kommt, liegt völlig unerwartet eine ______________ Landschaft vor einem.

D Welche Wörter haben nicht unbedingt etwas mit „Liebe" zu tun?

Liebediener	Partner	Geliebte	Ehemann	Freund
Lebensgefährtin	Liebhaber	Liebling	Begleiter	

E Was ist die logische Folge aus dem Sprichwort?

Liebe geht durch den Magen.

F Was ist sie?

Sie ist ein Kind der Liebe.

G **Lieben Sie platonisch?**

H **Kann man im Deutschen „Liebe machen"?**

Mach Liebe, nicht Krieg! (Wörtliche Übersetzung aus dem Englischen)

I **Kennen Sie ein anderes Wort für *Hobby*?**

Literatur

A **Was fehlt?**

Dramatik, Epik, ______________

B **Bilden Sie Zusammensetzungen mit *Literatur.* Was bedeuten die neuen Wörter?**

Kritiker Lexikon Papst Preis Sprache

C **Welches Wort paßt nicht hierher?**

Titelseite	Vorwort	Kapitel
Verlag	Anhang	Inhaltsverzeichnis

D **Schriftsteller – Autor – Verfasser – Dichter**

Autor ist ein synonymes Wort für ______________. Unter einem ______________ versteht man den Schöpfer von Sprachkunstwerken, wie z. B. formvollendeten Romanen, Theaterstücken und Gedichten. Heute wird immer häufiger das eher allgemeine Wort ______________ benutzt.

E **In welcher Erzählform kommen diese Figuren vor?**

Zwerg Hexe Fee Riese

F Was haben diese Wörter gemeinsam?

Peng! Knall! Krrr! Bumm!

G Nicht verwechseln!

Literaturliebhaber – Liebhaberliteratur

H Nennen Sie zwei Bedeutungen für das Wort *Dichtung.*

Welche Bedeutung kommt von dem lateinischen *dictare* (diktieren) und welche von dem mittelhochdeutschen Wort *dihte* (fest, hart)?

I Auch eine Definition ...

Literatur, das Aufgeschriebene, das Überlieferte, der vervielfältigte Schwindel, (der Modeschwafel,) Quatschtunke, Schönquasseleipapier

(E. G. Seelinger, *Handbuch des Schwindels*)

Mensch

A Bilden Sie Zusammensetzungen mit *Mensch.*

B Nicht verwechseln!

Schneemensch – Schneemann
Menschenaffe – Affenmensch
Massenmensch – Menschenmasse

C Leute – Frauen – Männer

Ehe________________	Film________________	Fach________________
Geschäft____________	Berg________________	Staat_______________
Weihnacht___________	Partei______________	

D Welches Wort fehlt?

1. Diese kleine ______________ Schwäche muß man verstehen.
2. Irren ist ______________.
3. Nichts ______________ ist mir fremd.

E Wie muß das Sprichwort richtig heißen?

Der Mensch dachte, und Gott lachte.

F Wie heißt das Original?

Der Mensch ist das Maß aller Schneider. (Hans Arp)

G Welche Menschen fehlen?

Mann und ________________
Optimist und ________________
________________ und Knecht
Vorgesetzter und ________________
________________ und Menschenfeind

H Handelt es sich beim Orang-Utan um einen Affen oder einen Menschen?

I „Der Mensch ist gut, aber die Leute sind ein Gesindel.“ Woher kommt der Ausspruch?

– aus dem Österreichischen
– aus dem Jiddischen
– aus dem Schwäbischen

Musik

A **Was für Musikformen und -kategorien kennen Sie?**

B **Fragen Sie einen Spezialisten nach der Bedeutung!**

Katzenmusik	Musikantenknochen	Singvogel
Stimmbruch	weibliche Hosenrolle	Stimmgabel
Sängerknabe	Kastratenstimme	Alphorn

C **Nicht verwechseln!**

Lied – Lid	Saite – Seite	Weise – Waise
Stil – Stiel	Band – Bande	Musik – Musak
Kanon – Kanone		

D **Welche Verbindungen mit *Orchester* kennen Sie?**

E **Was ist der Unterschied zwischen einem Klavier und einer Geige?**

F **Wann sagen Sie einen solchen Satz?**

Das ist Musik in meinen Ohren.

G **Was ist allen gemeinsam?**

Flöte Rolle Skat Golf

H **Woher hat der Flügel (das Konzertklavier) seinen Namen?**

I **Verbinden Sie.**

Walzerkönig	Gottfried Semper
Zwölftöner	Richard Wagner
Bayreuther Festspiele	Kurt Weill
Dresdner Oper	Johann Strauß
Dreigroschenoper	Arnold Schönberg

Natur

A **Welche Landschaftsformationen sind Ihnen bekannt?**

B **Bilden Sie Wortzusammensetzungen mit *Natur.***

C **Welches Wort gehört nicht in die jeweilige Gruppe?**

Eisen	Eiche	Forelle	Rose
Kupfer	Fichte	Hering	Thymian
Kohle	Birke	Garnele	Nelke
Messing	Tulpe	Thunfisch	Veilchen

D **Was ist Naturalismus?**

- fanatische Naturliebe
- philosophische Richtung
- Kunstrichtung

E **Ist das Stiefmütterchen eine junge Mutter?**

F Was ist das?

dicke Luft saurer Regen totes Gewässer

G Was für Menschen sind das?

Naturkind Naturbursche Naturmensch

H Was will er ändern?

Er hat einen Naturalisierungsantrag gestellt.

I „Der Mensch kommt unter allen Tieren der Welt dem Affen am nächsten." Von wem stammt der Ausspruch?

- Alexander von Humboldt (1769–1859; Naturforscher, Entdecker)
- Georg Christoph Lichtenberg (1742–1799; Physiker, Schriftsteller)
- Charles Darwin (1809–1882; Naturforscher)

Nazi

A Nennen Sie Wörter, die Ihnen beim Thema *Nazi* einfallen.

B Was bedeuten die Ausdrücke?

entartete Kunst	Rassengesetze	Judenstern
Reichsparteitag	Blockwart	Volksdeutsche

C Führer – Leiter – Direktor

Reise__________	Filial(e)__________	Pfadfinder________
Oppositions______	Geschäft________	Schul(e)__________
Sparkasse______	Protokoll________	Bank__________

D Worin besteht der Unterschied?

Deutschland wurde 1945 besiegt.
Deutschland wurde 1945 befreit.

E Was bedeuten die Abkürzungen?

NSDAP SS KZ HJ

F Woran erinnern Beschwörungsformeln wie:

Ein Volk, ein Reich, ein Führer.

G Deutschsprachige Exilanten der Nazizeit. Welche Berufe hatten sie?

Paul Hindemith	Albert Einstein	Paul Klee
Walter Benjamin	Wassily Kandinsky	Thomas Mann
Bertolt Brecht	Karl Raimund Popper	Sigmund Freud
Marlene Dietrich	Ludwig Mies van der Rohe	Lotte Lenja

H Von welchem lateinischen Wort ist *Faschismus* abgeleitet?

– fascinum (männliches Glied)
– fascinus (auffallende Tat)
– fascis (Bündel, Last)

I Mit welchen Parolen wenden sich heute junge Leute gegen Rechtsradikale und Neonazis?

Nazis raus! Haut die Glatzen, bis sie platzen! Deutschland den Deutschen!

Ordnung

A Kennen Sie die Ausdrücke?

Rangordnung Sitzordnung Tischordnung Hackordnung

B Ordnen allein genügt nicht!

1. Der Arzt hat mir Ruhe __________ordnet.
2. Wer hat denn das __________geordnet? Der Chef?
3. Er ist für ein halbes Jahr nach Leipzig __________geordnet.
4. Ich fürchte, Sie müssen sich ihm __________ordnen, er ist der Stärkere.
5. Sie müssen sich in die Gruppe __________ordnen!

C Kennen Sie den Unterschied?

Abgeordneter   Nachgeordneter   Stadtverordneter

D herrschen – halten – bringen – gehen

1. Kann man das wieder in Ordnung __________?
2. Bei meiner Tante zu Hause __________ peinliche Ordnung.
3. Keine Angst, das __________ in Ordnung!
4. Wenn Sie keine bessere Ordnung in Ihren Akten __________, finden Sie nie etwas!

E Alles an seinem Platz, aber an welchem?

Zigaretten	Bank
Tabak	Schachtel
Werkzeug	Tonne
Akten	Dose
Daten	Ordner
Müll	Kasten

F Welcher Satz ist das ursprüngliche Sprichwort?

Ordnung ist das halbe Leben.
Wer Ordnung hält, ist nur zu faul zum Suchen.

G ordentlich = ordentlich?

Nun schlaf dich mal ordentlich aus!
Nun setz dich mal ordentlich hin!

H Von dem lateinischen Wort *ordo* stammt nicht nur das Wort Ordnung ab, sondern auch ordinär, Ordinarius, Koordination, Ordinalzahl und Orden. Was bedeuten die Wörter?

I Welchen Beruf übt ein Ordnungshüter aus?

Politik

A Bilden Sie Zusammensetzungen mit *Politik.*

B Welche politischen Posten auf kommunaler Ebene kennen Sie?

C Wer ärgert Sie am häufigsten?

Politiker   Politologe   Politesse

D Ämter und Positionen in der Bundesrepublik Deutschland

Bundeskanzler	höchster Beamter eines Ministeriums
Ministerpräsident	Staatsoberhaupt
Bundespräsident	Leiter der Landesregierung
Staatssekretär	Regierungschef

E Demokratie? Wen bezeichnen diese Wörter, und was drücken sie aus?

Fußvolk   Stimmvieh   Masse   Plebs

F „Politik bedeutet ein starkes, langsames Bohren von harten Brettern mit Leidenschaft und Augenmaß zugleich.“ Von wem stammt der Ausspruch?

- Richard von Weizsäcker (ehemaliger Bundespräsident der Bundesrepublik Deutschland)
- Friedrich Ebert (erster Reichspräsident der Weimarer Republik)
- Max Weber (Wissenschaftler)

G Welche Politik macht ein Stammtischpolitiker?

H Von welchem altgriechischen Wort stammt *Politik* ab?

- polites (Stadt-/Staatsbürger)
- polis (Stadt/Staat)
- politike (Kunst der Staatsverwaltung)

I Wann gab es das in Deutschland?

Republik	1933–1945
Monarchie	1919–1933
Diktatur	1871–1918

Reich

A -reich, -land, -republik

Frank ______	Bundes ______	Kolonial ______
Volks ______	Ruß ______	Öster ______
Kaiser ______	König ______	Bananen ______
Finn ______	Lett ______	Welt ______

B Verbinden Sie.

Drittes Reich	Mittelalter
Deutsches Reich	Nationalsozialismus
Heiliges Römisches Reich Deutscher Nation	Bismarck/Kaiser Wilhelm

C Was bedeuten die Ausdrücke?

Reichsland	Reichweite	Totenreich
Tierreich	Himmelreich	Reichsdeutsche

D Welche Gegenstände gehören zu den deutschen Reichsinsignien, den symbolischen Gegenständen für die Reichsherrschaft?

Kreuz	Zepter	Krone	Adler
Schwert	Mantel	Fahne	Reichsapfel

E Was ist denn das?

Reichsdeputationshauptschluß

F Warum hießen Frankfurt und andere Städte „Freie Reichsstädte"?

G Wie heißen die Nachfolger?

Reichstag Reichsbahn Reichsadler Reichsmark Reichswehr

H Alle drei Ausdrücke bezeichnen bzw. beziehen sich auf denselben (untergegangenen) Staat. Welchen?

Doppelmonarchie Kakanien k. und k.

I Geschichte – In welchem Wort ist bewußt ein Fehler?

LEHR REICH

ERSTES REICH
ZWEITES REICH
DRITTES REICH

DRITTES REICHT
(Burckhard Garbe)

Reise

A Was fällt Ihnen beim Thema *Reise* ein?

B Was für Reisen kennen Sie?

C Beruf oder Vergnügen?

Er ist Reisender.

D **Krank auf Reisen? Was bedeuten die Wörter?**

Reisekrankheit	Reisefieber	Reiseapotheke	Reisediäten

E **Welche Gegenstände gehören normalerweise in einen Toilettenbeutel?**

F **So reiste man früher!**

auf Schusters Rappen

G **Wanderlust?**

Wanderbursche	Pfadfinder	Wandervogel	Pilger
Weltenbummler	Rumtreiber	Zugvogel	Wanderer

H **Reiseunternehmen bieten oft eine „Fahrt ins Blaue" an. Wohin geht die Reise?**

I **„Berlin ist eine Reise wert!" Andere Orte aber auch. Was bieten sie?**

Konstanz	Hafen
Freiburg	Zwinger
Potsdam	Bodensee
Dresden	Passionsspiele
Hamburg	Münster
Oberammergau	Schloß

Schmerz

A **Welche Schmerzen kennen Sie?**

B **Womit kann man Schmerzen bekämpfen?**

C schmerzlich – schmerzhaft – schmerzvoll

1. eine ______________ Erfahrung
2. eine ______________ Wunde
3. eine ______________ Behandlung

D Wann müssen Sie Schmerzensgeld zahlen?

E Was künden diese Schmerzen an?

Sie liegt in den Wehen.

F Mit Schmerzen leben

1. Ich kann Zahnschmerzen nur schwer ____________.
2. Haben deine Schmerzen ____________?
3. Sie hat viele Schmerzen ____________ müssen.
4. Sein Verhalten ____________ mir Schmerzen.
5. Er ____________ seine Schmerzen mit Tabletten.
6. Der Arzt hat mir ein schmerz____________ Mittel verschrieben.

betäuben
bereiten
lindern
ertragen
nachlassen
aushalten

G Welche Gegenstände assoziieren Sie mit den Schmerzbeschreibungen?

schneidender Schmerz
stechender Schmerz
bohrender Schmerz
brennender Schmerz
ziehender Schmerz

H Wie kann man das anders ausdrücken?

1. Das schmerzt.
2. Ich wollte dir keine Schmerzen bereiten.
3. Hast du dich verletzt?

I Zu welchem Arzt?

Karies	Internist
Ausschlag	Hausarzt
Kurzsichtigkeit	Zahnarzt
Gallensteine	HNO-Arzt
Gehörstörung	Augenarzt
Gebärmutteruntersuchung	Gynäkologe

Sport

A Kennen Sie die Sportarten? Welche Piktogramme gehören dazu?

Wasserball
Gewichtheben
Fechten
Rudern
Basketball
Windsurfen

B Bilden Sie Zusammensetzungen mit *Sport.*

C Welche Bewegungsart ist allen gemeinsam?

Hürden Schlittschuh Staffel Ski

D Wer oder was ist das?

Sportmedizin Sportwart Sportgröße Sportsprache
Sportschuh Sportwagen Sportabzeichen Sportsfreund

E Zu welchen Sportarten gehören die Begriffe?

Aufschlag Hürde Netzball Eckball Schläger
Schiedsrichter Parcours Abseits Aus

F Was kann man mit einem Ball bei den verschiedenen Sportarten machen?

G Verbinden Sie.

ein Spiel	schlagen
einen Gegner	erleiden
eine Niederlage	gewinnen
einen Sieg	erringen

H Welches Wort stammt nicht aus dem Englischen?

boxen Tennis Marathon Hockey Golf surfen

I Ergänzen Sie den Schlagertext.

Der Theodor, der Theodor,
der steht bei uns im Fußball________,
wie der Ball auch kommt, der ________ auch fällt,
der Theodor, der ________.

Sprache

A Welche Spracharten kennen Sie?

B Was bedeuten die Ausdrücke?

Sprachschatz	Sprachrohr	Sprachraum
Sprachregelung	Sprachinsel	Sprachzentrum

C sprechen – reden – sagen

1. Darf ich Sie einen Augenblick __________?
2. Er __________ ununterbrochen.
3. Diese Musik __________ mir nichts.

D Euphemismus und Wirklichkeit

Azubi (Auszubildender)	Reiche
Mitarbeiter	Putzfrau
Senioren	Angestellter
Besserverdienende	Untergebener
Raumpflegerin	Lehrling
Nachgeordneter	Alte/Greise

E Was für eine Sprache ist Esperanto?

F Was sagt das über die Persönlichkeit des Sprechers aus?

Er redet, wie ihm der Schnabel gewachsen ist.
Er spricht frisch von der Leber weg.
Er nimmt kein Blatt vor den Mund.

G Welche Körperteile treten beim Sprechen in Aktion?

H Kennen Sie ein anderes Wort für Mundart?

I Wo liegt der Unterschied?

Man muß dem Volk aufs Maul schauen. (Nach Martin Luther)
Man muß ihm nach dem Munde reden.

Stadt

A Kennen Sie die Unterschiede? Nennen Sie Beispiele.

Metropole	Hauptstadt	Weltstadt	Großstadt
Megalopolis	Trabantenstadt	Kreisstadt	Millionenstadt

B Kennen Sie Wörter, die vom lateinischen *urbs* (Stadt) abgeleitet sind?

C Welche Ausdrücke entsprechen sich?

Innenstadt	Stadtviertel
Stadtteil	Stadtverordneter
Stadtrat	Stadtzentrum

D Wohin kommt ein Umlaut?

Stadtplanung	Stadtebau	Stadtchen	Stadter	stadtisch
Stadtbewohner	Kleinstadter	Stadtepartnerschaft		Stadte

E Gibt es auch eine Mutter? Was bedeuten die Ausdrücke?

Stadtkind Stadtväter

F Was bedeutet der Ausspruch? Aus welcher Zeit stammt er?

Stadtluft macht frei.

G Stadt, Statt, Stätte oder Staat?

Klein________________	Werk________________
Arbeit________________	Rast________________
Begegnung____________	Gast________________
Schlaf________________	Vergnügung___________
Bund________________	Militär______________

H **Wo wohnt eine grüne Witwe?**

I **In der Bundesrepublik gibt es drei Stadtstaaten. Welche?**

Tiere I

A **Bilden Sie Zusammensetzungen mit *Tier.***

Zucht Versuch Schutz Garten Fabel Quälerei

B **Welche Körperteile gibt es bei Tieren, die der Mensch nicht hat?**

C **Wie „sprechen" die Tiere?**

Pferd	miauen
Rabe	muhen
Katze	quaken
Vogel	bellen
Kuh	zwitschern
Ente	krächzen
Hund	wiehern

D **Welches Wort fehlt?**

1. Das ist __________ gut! Echt Spitze!
2. Die Söldner haben sich bei dem Überfall __________ benommen.
3. Er wurde beim Karneval mit dem „Orden wider den __________ Ernst" ausgezeichnet.

E **Nennen Sie drei Bedeutungen für das Wort *Krebs.***

F **Wie groß ist er denn?**

Er ist ein großes Tier.

G Es gibt lammfromme Menschen. Was für welche noch?

Katze	müde
Bär	leicht
Vogel	stark
Hund	freundlich

H Kennen Sie das deutsche Wort?

Zoo Veterinärmediziner Zodiakus Dompteur

I Wappentiere

Ochse
Löwe
Bär
Adler
Roß

Niedersachsen
Bayern
Bern
Deutschland
Berlin
Mecklenburg
Thüringen
Brandenburg

Tiere II

A Kennen Sie weitere Tiere für jede Gruppe?

Katze Taube Esel Wolf Hirsch Hecht
Tiger

B Was ist das?

Wetterfrosch	Krähenfüße	Krokodilstränen
Angsthase	Schluckspecht	Knallfrosch
Steckenpferd	Zebrastreifen	Rabenmutter

C In welche Kategorie von Tieren gehören sie?

Einhorn Drache Zentaur Phönix Sphinx Pegasus

D Bei Tieren zu Hause

Maus	Bau
Vogel	Hütte
Fuchs	Stall
Hund	Loch
Pferd	Nest

E Haben Tiere Kultur?

Froschkonzert Affentheater Katzenmusik

F Deutsche fordern mehr Schwalben. Warum?

_______________ Schwalbe macht noch keinen Sommer. (Sprichwort)

G Es gibt ein Säugetier, das Schwimmfüße und einen Schnabel hat und dazu auch noch Eier legt!! Wo lebt es, und wie heißt es?

Ruanda Australien Feuerland

H Wo entdeckte die Soziologie die Hackordnung?

- Hühnerstall
- Vogelnest
- Gänseschar

I Unverbesserlich! Oder?

Die Katze läßt das Mausen nicht. (Sprichwort)

Tod

A Was bedeutet hier *tod-?* Kennen Sie weitere solche Zusammensetzungen?

todmüde todkrank

B Welches Wort wird hier ängstlich umschrieben?

… ist für immer eingeschlafen
… hat die letzte Reise angetreten
Der Herr hat ihn zu sich genommen.
… ist entschlafen
… ist von uns gegangen
… hat das Zeitliche gesegnet

Und so klingt es brutal:

ins Gras beißen verrecken abkratzen krepieren
über die Klinge springen dran glauben müssen draufgehen

C Welches Wort paßt nicht?

Trauerfeier	Sarg	Leichentuch	Urne
Testament	Taufbecken	Grab	Sarkophag

D Ist hier etwas gestorben?

1. Wir sind an einen toten Punkt gelangt.
2. Es war ein totes Rennen.
3. Die Leitung ist tot.
4. Das ist totes Kapital.

E Aus welcher Zeit und woher stammt der Spruch?

Lieber rot als tot!

F Zu welcher Zeremonie gehört der Satz?

… bis daß der Tod euch scheidet.

G Gibt es einen Unterschied?

Freitod Selbstmord

H Wer oder was ist hier gemeint?

der Sensenmann das Gerippe Freund Hein der Schnitter

I Welche Feiertage haben etwas mit dem Tod zu tun?

Buß- und Bettag	Totensonntag	Volkstrauertag	Ostersonntag
Aschermittwoch	Allerseelen	Karfreitag	Pfingsten

Trinken

A Erst nippen, dann kippen ...

ein Glas Wein	schlucken
nach der Arbeit schnell einen Schnaps	schlürfen
zu viel, zu schnell	nippen
ein Kind an der Mutterbrust	trinken
heißen Tee	kippen
teuren Kognak	saufen
Tabletten	saugen

B Was für Getränke sind das?

Gerstensaft	Feuerwasser	Rebensaft
Gänsewein	Feuerzangenbowle	Rachenputzer

C Wie heißt die Krankheit?

– Trinksucht
– Trinkersucht
– Trunksucht

D Welche Flüssigkeit wird da verabreicht?

Er hängt am Tropf.

E Was ist vorher passiert?

Ich hab' einen Kater.
Er hat eine Fahne.
Er ist blau.

F Was kann man in einem Saftladen kaufen?

G Getränke – mit und ohne Alkohol

Himbeer ______	Kirsch ________	Pflaumen _____	Birnen________
Apfel_________	Obst _________	Aprikosen ____	

H Aus welcher Sprache kommt das Wort *Kaffee?*

– aus dem Französischen
– aus dem Türkischen
– aus dem Arabischen

I Wann geben Sie ein Trinkgeld?

Umwelt

A Bilden Sie Zusammensetzungen mit *Umwelt.*

B Welche alternativen Energiequellen gibt es? Kennen Sie auch die dazugehörigen technischen Anlagen?

C Welche Wörter entsprechen sich?

Pflanzenschutzmittel	UV-Strahlenschutz
Treibhauseffekt	Müllverbrennung
Giftmüll	Abfallbeseitigung auf See
Verklappung	Schädlingsbekämpfungsmittel
Abfallverwertung	Sondermüll
Ozonschicht	Kernenergie
Atomkraft	Anstieg der Durchschnittstemperatur

D Privater Umweltschutz – was gehört dazu?

Fliegenklatsche	statt	Einwegflasche
Einkaufstasche	statt	Trockner
Duschen	statt	Kunststoff
Pfandflasche	statt	Insektizide
Wäscheleine	statt	Baden
Pappverpackung	statt	Plastiktüte

E Wo liegt der Unterschied?

Er ist ein Grüner.
Er ist ein grüner Junge.

F Auch früher wurde mit Abfall Geld verdient. Kennen Sie diese Berufe (noch)?

Lumpensammler Müllkutscher Schrotthändler

G Lange vor dem Erscheinen des Wortes Umweltschutz wurde die Natur geschützt. Welche Wörter kennen Sie in diesem Zusammenhang?

H Welches Wort benutzt man meistens statt *Wiederverwendung, Wiederverwertung?*

I Was regelt diese Verordnung?

Pflanzenschutzmittelhöchstmengenverordnung

Universität

A Welche Wörter fallen Ihnen beim Thema *Universität* ein?

B Kennen Sie den Unterschied?

Universität Hochschule Fachhochschule Akademie

C studieren – lernen

1. Er hat nichts aus dieser Geschichte __________.
2. Ich habe den Fall genau __________.
3. Schweigend hat er ihr Gesicht __________.
4. Sie hat Physik __________.
5. Diese Sprache __________ ich nie!

D Welches Studienziel würden Sie bevorzugen?

Promotion Staatsexamen Habilitation Magister Diplom

Fax vom Studienort:

Studienziel erreicht, Doktor gefunden!

E Was bedeuten die Abkürzungen?

Dr. DAAD MA BAFöG TH TU Ass. Hiwi

F Warum noch kein Examen?

Ich brauche noch zwei Scheine.

G Was ist das?

Studentenverbindung	Gesamtheit der Studierenden
Studentenvertretung	religiöse Gruppe
Studentengemeinde	traditioneller Verein/Verband
Studentenschaft	politisches Gremium

H Bilanz nach langem Studium. Was bedeutet hier das Wort *Tor?*

Da steh ich nun, ich armer Tor
Und bin so klug als wie zuvor
(Goethe, *Faust*)

I Doktorvater – Vater der Doktors?

Verkehr

A Wo bewegen sich die Fahrzeuge – im Wasser, auf der Erde oder in der Luft?

Doppeldecker	Senkrechtstarter	Rakete	Kutsche
Einbaum	Fuhrwerk	Düsenjäger	Frachter
Hubschrauber	Schlitten	Kanu	Gabelstapler
Flugzeugträger	Sattelschlepper	Floß	Wasserwerfer
Zeppelin	Kahn	Gondel	Seilbahn

B Welchem Zweck dienen sie?

grüne Welle	Richtgeschwindigkeit
Überholverbot	Geschwindigkeitsbeschränkung

C Was kennzeichnet eine Autobahn? Was unterscheidet sie von einer Bundes- oder Landstraße?

D Welches Verb fehlt?

1. Nach 21 Uhr __________ keine Züge mehr.
2. Wir __________ nicht mehr miteinander.
3. Was ich gesagt habe, wurde völlig ins Gegenteil __________.

E Was bedeuten die Abkürzungen?

U-Bahn S-Bahn ICE StVO U-Boot

F Muß ein Verkehrssünder beichten gehen?

G Welches Wort kann alle Wörter ergänzen?

Beruf	Stau	Infarkt	Güter	Geschlecht
Chaos	Funk	Erziehung	Urlaub	Fremde

H Wann braucht man eine Verkehrssprache?

I Welche Aufgabe hat ein Verkehrsverein?

- Zulassung von Kraftfahrzeugen
- Förderung des Fremdenverkehrs
- Koordination der öffentlichen Verkehrsmittel

Welt

A Bilden Sie Zusammensetzungen mit *Welt.*

B Ergänzen Sie.

1. Er ist total welt__________ und hat keine Ahnung von der Wirklichkeit.	weit
2. Das ist keine welt__________ Neuheit.	fremd
3. Dieses Produkt ist welt__________ bekannt.	bewegend

C Welt – Erde – Weltraum

1. Früher dachte man, ____________________ sei eine Scheibe.
2. Die Verschmutzung ____________________ hat schon längst begonnen.
3. Die Entstehung ____________________ wird auch als Schöpfung bezeichnet.

D Wie viele Welten gibt es eigentlich?

Umwelt Nachwelt Unterwelt Oberwelt Scheinwelt

E Synonyme?

Weltkugel Erdkugel Himmelskugel Globus

F „Die Welt ist ein Gefängnis, in dem Einzelhaft vorzuziehen ist." Was drückt der Satz aus?

Menschenfreundlichkeit Menschenfeindlichkeit
Weltbejahung Weltverachtung Weltverneinung

G Kennen Sie Menschen, auf die diese Bezeichnungen zutreffen?

Weltenbummler Weltverbesserer Weltbürger Weltmeister

H Schwer zu übersetzen. Was bedeuten die Ausdrücke?

Weltanschauung Weltschmerz

I Welche Pflanzen haben Weltgeschichte gemacht?

Pfeffer Apfel Tomate Kartoffel
Tabak Reis Tee Zuckerrohr

Wetter

A Welche Wettererscheinungen werden im Wetterbericht erwähnt?

B *Wetter* oder *Klima*?

Herbst ______________	tropisches ___________
schönes _____________	Betriebs _____________
kontinentales ________	Wander ______________
Urlaubs _____________	Mikro _______________

C Regen, nichts als Regen, aber es gibt Unterschiede. Bilden Sie eine Reihenfolge.

gießen regnen tröpfeln schütten nieseln

D *wettern* – eine Erklärung stimmt nicht.

- es herrscht ein Gewitter
- grob schimpfen
- das Wetter ändert sich

E In welchem Monat erscheinen in Deutschland wettermäßig oft alle vier Jahreszeiten?

F Was machen Sie bei diesem Wetter?

Es gießt in Strömen.

G Was ist denn das?

Wetterhahn	Wetterleuchten	Wetterfahne	Wettersturz
Wetterhäuschen	Wetterprophet	Wetterfrosch	Wetterseite

H Was wird dem Föhn – einem warmen, trockenen Fallwind in den Alpen – nicht in die Schuhe geschoben?

Änderung des Blutdrucks	Reizbarkeit
Kopfschmerzen	Schlafstörung
Unlustgefühle	Euphorie
Anstieg von Unfällen	Selbstmordhäufigkeit
Kreislaufbeschwerden	

I Wetterregel – welche Wörter fehlen?

Kräht der Hahn auf dem Mist,
ändert sich das __________,
oder es __________, wie es __________.

Wirtschaft

A **Bilden Sie Zusammensetzungen mit *Wirtschaft.***

B **Es gibt immer zwei Möglichkeiten. Bilden Sie Nomenpaare.**

Steuer	Plan
Kapital	Zeit
Wirtschaft	Krise
Export	Liste
Wirtschaft	Flucht
Preis	Waren
Arbeit	Einkommen

C **Worin liegt der Unterschied?**

Volkswirtschaft – Betriebswirtschaft

D **Welches Wort gehört nicht hierher?**

Planwirtschaft   Marktwirtschaft
Gastwirtschaft   Staatswirtschaft

E Was bedeuten die Abkürzungen?

GmbH   e. V.   & Co.   KG   AG

F Was wird hier beurteilt?

„Was ist denn das für eine Wirtschaft!?“

G Was für ein Geschäft wird hier getätigt?

Termingeschäft

H Lohnt es sich, dort zu kaufen?

Das Preis-Leistungs-Verhältnis ist in Ordnung.

I In Österreich und in der Schweiz gibt es den Wirtschaftswissenschafter. Wie heißt dieser Akademiker in Deutschland?

Wort

A Kennen Sie die Wörter?

Wortfeld	Wortgefecht	Wortbruch	Wortschwall
Wortführer	Wortschöpfung	Wortwechsel	Wortlaut

B *Worte* oder *Wörter?*

1. Deine __________ kannst du dir sparen.
2. Haben Sie ein Verzeichnis aller Stich__________?
3. Bitte lernen Sie die Abkürzungen für diese __________.
4. Sie bewahrte sich seine __________ tief im Herzen.

C Kennen Sie den Unterschied?

Lösungswort   Losungswort   Stichwort   Schlagwort   Paßwort

D Kann man das mit Wörtern machen?

Er nahm mir das Wort aus dem Munde.
Er dreht einem das Wort im Munde um.
Er verlor kein Wort darüber.
Er führte ständig das Wort.
Wer möchte das Wort ergreifen?

E Bilden Sie ein Wort.

Wort   Rätsel   Kreuz

F Böse!

Ein Mann, ein Wort –
eine Frau, ein __________. (Volksmund)

G Was für Worte sind das?

große Worte	ein wahres Wort	warme Worte
ein offenes Wort	das letzte Wort	schöne Worte

H Was hat sie davon?

Er hat ihr sein Jawort gegeben.

I Natürlich von Goethe! Oder von Schiller …?

Schnell fertig ist die Jugend mit dem Wort.

Du sprichst ein großes Wort gelassen aus.

Zeit

A Welche Zusammensetzungen mit dem Wort *Zeit* kennen Sie?

B Erklären Sie die Ausdrücke.

Zeitraum	Zeitaufwand	Zeitreise	Zeitlupe
Zeitmesser	Zeitvertreib	Zeitenwende	Zeitgeist

C zeitig – zeitlich – zeitlos

1. Bitte komm morgen __________ zum Flughafen.
2. __________ gesehen schaffe ich das.
3. Das ist ein __________ Schnitt; das Kostüm können Sie in zehn Jahren noch immer tragen.

D Ein Fall für die Gewerkschaft?

Zeitpersonal unterschreibt einen __________, leistet __________ und bekommt dafür einen __________.

E Die Zeit kann davonlaufen. Verändern Sie bei jedem Schritt einen Buchstaben.

ZEIT
BEIN

F Was bedeuten die Sprüche?

Zeit ist Geld.

Kommt Zeit, kommt Rat.

Eile mit Weile.

Die Zeit heilt Wunden.

G **Worunter leidet der moderne Mensch vielfach?**

H **Was kann man mit *Zeit* alles machen?**

I **Welche Zeitmesser gab es vor der Erfindung des Uhrwerks?**

Lösungen

Alter

A

z. B. e Rente, s Altersheim, e Weisheit, r Pflegefall, die Runzeln (Pl.), s Enkelkind, e Kreuzfahrt, e Freizeit, r Greis, e Altersbeschwerde, die Hautflecken (Pl.), e Altersschwäche, e Todesnähe, r Lebensabend

B

1. etwa zwischen 45 und 55
2. sehr jung
3. bei jungen Menschen: in den Entwicklungsjahren
   bei älteren Menschen: in den Wechseljahren

C

ins Altersheim ziehen – aus der eigenen Wohnung in ein Heim für alte Leute ziehen
sich auf sein Altenteil zurückziehen – als Bauer nicht mehr arbeiten und z. B. in eine Wohnung ziehen, die vom Nachfolger ohne Miete zur Verfügung gestellt wird
s Altenteil: rechtlich gesicherte Wohnung (auch Naturalien), die einem Bauern zusteht, wenn er seinen Hof an den Nachfolger abgibt. Der Ausdruck wird auch außerhalb der bäuerlichen Gesellschaft benutzt.

D

altdeutsch bezeichnet alles Deutsche vor der Reformation, also 14./15. Jahrhundert. Das Wort wird in Zusammenhang mit Lebensstil, Kunst, Wohnkultur, Sitten, Literatur usw. benutzt.

E

positiv: **Ein alter Hase** (ugs.) ist auf seinem Gebiet ein erfahrener Fachmann.
negativ: Wenn einer **zum alten Eisen gehört** (ugs.), ist er nicht mehr arbeitsfähig.

F

Normalerweise begeht man Torheiten (Dummheiten) als Jugendlicher, auch ältere Leute begehen manchmal noch (Jugend-)Torheiten, z. B. sich auf gewagte Unternehmungen einlassen, seine Kräfte überschätzen.

G

1. mein Lebensalter
2. mein Vater
3. mein Mann

H

Amerika wurde nach seiner Entdeckung durch Europa die „Neue Welt" genannt. Folgerichtig fühlte sich Europa, das Ausgangsland, als die „Alte Welt".

I

Eine der Bedeutungen von *e Last* ist „Bürde“, „Sorge“. Mit **Altlasten** bezeichnet man chemische und industrielle Umweltschäden, die nach der Stillegung eines Betriebs zurückbleiben. Neuerdings werden damit auch die Umweltschäden bezeichnet, die das sowjetische Militär beim Abzug aus der DDR zurückgelassen hat, z. B. Ölverpestung des Bodens. Manchmal wird der Ausdruck auch für alle Probleme benutzt, die mit dem Zusammenbruch der DDR noch nicht gelöst werden konnten.

Arbeit

Zeichnung: Ausspruch des Protestes gegen Spießertum und Bildungsbürgertum: „Die Arbeit adelt.“ Gleichzeitig Protest gegen Arbeit als bloßen Zwang und als Einschränkung persönlicher Entfaltung.

A

e Arbeit – körperliche oder geistige Tätigkeit (z. B. Gartenarbeit/Forschungsarbeit); berufliche Tätigkeit; Mühe oder Anstrengung (Kinder machen viel Arbeit)
r Job – eine temporäre Stellung oder Beschäftigung zum Geldverdienen
e Stelle – Anstellung, Posten, Arbeitsplatz
r Beruf – eine Tätigkeit zum Verdienen des Lebensunterhalts. Dahinter steht das Wort *Berufung,* das soviel wie innere Bestimmung, Aufgabe bedeutet. Ein Künstler, Theologe z. B. fühlt eine Berufung.
r Posten – Anstellung, Stellung, Amt
s Amt – fester, dauernder Posten, vor allem in der Verwaltung beim Staat
r Arbeitsplatz – Stelle; der Platz, an dem man arbeitet
r Dienst – Arbeitsverhältnis von Beamten (1989 hat er seinen Dienst angetreten. / Er ist heute nicht im Dienst.)
e Stellung – Arbeit, Position am Arbeitsplatz (Er in seiner Stellung kann sich das leisten.)

B

s Arbeitsamt, s Arbeitsrecht, e Arbeitsvermittlung, e Kurzarbeit, r Arbeitsvertrag / e Vertragsarbeit, e Dreckarbeit / Drecksarbeit, e Akkordarbeit, e Schichtarbeit / Arbeitsschicht, s Arbeitsverhältnis, e Kinderarbeit, e Zwangsarbeit / r Arbeitszwang, e Schwarzarbeit/ r Schwarzarbeiter
Akkordarbeit – Arbeit, die nicht nach Zeit, sondern nach produzierter Stückzahl entlohnt wird.
Schwarzarbeit – illegale Arbeit, für deren Entlohnung keine Steuer bezahlt wird.

C

1. geschuftet 2. geschafft 3. Schaffen 4. arbeiten

D

Schmidt – Schmied
Meier – aus dem lateinischen *maior.* Verwalter eines herrschaftlichen Hofes, Gutes, später auch (Erb-)Pächter eines Stückes Land, Großbauer (verwandt mit dem englischen *mayor* und dem französischen *maire*)
Hofmann – Mann auf dem Bauernhof; an einem Herrenhof lebend

Eisenhower – *hower* aus dem dt. *hauer,* also ein Mann, der im Bergwerk Erz haut/schlägt
Bergmann – ein Mann, der im Bergwerk (Kohle, Erz, Silber) arbeitet
Weber – weben, Textilhersteller
Wagner – Wagenmacher, Handwerker, der hölzerne Fahrzeuge herstellt
Huber (besonders in Bayern) – Eine Hube ist ein Gut/Bauernhof von einer bestimmten Größe (30 Morgen).
Drechsler – drechseln; mit Holz, Horn arbeiten; drehen; rund machen, z. B. runde Tischbeine herstellen
Wandschneider – (von *Gewand*/Bekleidung) Schneider
Rademacher – Radmacher, Felgenbauer (zur Zeit der hölzernen Fuhrwerke)
Förster – (von Forst, Wald)

E

kennt – verrückt
(sich vor etwas drücken = etwas Unangenehmes nicht machen)

F

Bete und arbeite! (Ursprünglich lateinisch: *ora et labora*)

G

r Seiltänzer (= Akrobat auf einem Drahtseil, z. B. im Zirkus), r Heiratsvermittler, e Toilettenfrau, r Leibwächter (= Beschützer wichtiger Persönlichkeiten), r Leichenwäscher, r Müllsortierer, r Hellseher (= Wahrsager; jemand, der die Zukunft sieht), r Feuerschlucker

H

r Arbeitgeber ist derjenige, der eine Stelle anbietet, eine Arbeitsmöglichkeit gibt, Arbeit *ver*gibt.
r Arbeitnehmer ist derjenige, der die Stelle bekommt, die Arbeit *an*nimmt.
Sprachlich wäre es auch möglich zu sagen, daß der Arbeiter seine Arbeit/Arbeitskraft gibt, also Arbeitgeber ist, und der Unternehmer diese Arbeit annimmt, also Arbeitnehmer ist.

I

Marx – Philosoph und Nationalökonom
Bebel – Mitgründer der Sozialdemokratischen Arbeiterpartei
Kolping – „Vater“ des Katholischen Arbeitervereins

Auto

A

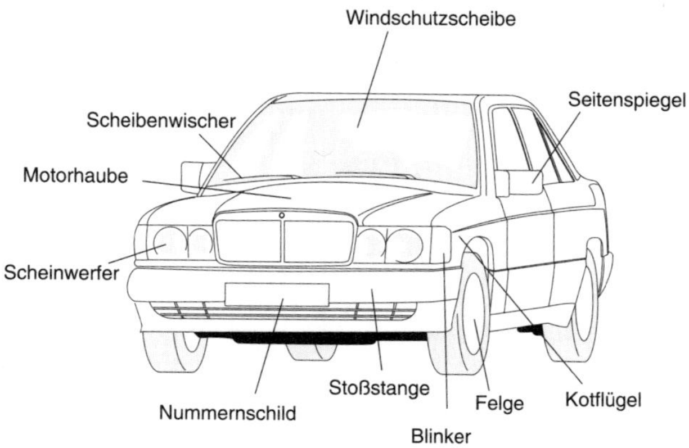

e Stoßstange	e Windschutzscheibe	e Felge	s Nummernschild
r Scheinwerfer	r Scheibenwischer	s Rücklicht	e Motorhaube
r Kotflügel	r Seitenspiegel	r Kofferraum	r Blinker

„Kofferraum“ und „Rücklicht“ sind am Heck des Autos und deshalb nicht sichtbar.

B

aussuchen – kaufen – versichern – zulassen – fahren – Motorschaden haben – reparieren – zum TÜV bringen – verschrotten

Zum TÜV bringen kann an verschiedenen Stellen stehen, z. B. auch vor „zulassen“. Die TÜV-Untersuchung erfolgt alle zwei Jahre nach dem Datum des TÜV-Stempels auf dem Autokennzeichen. (TÜV: s. **E**)

C

1. verrostet 2. Ras 3. rastet

D

s Wohnmobil ist ein (Urlaubs-)Fahrzeug, in dem man wohnen kann.

r Geländewagen hat Allradantrieb und eignet sich besonders für das Fahren auf Wegen oder im unwegsamen, schwierigen Gelände.

r Sattelschlepper ist eine starke Zugmaschine, auf die ein Anhänger ohne Vorderachse „gesattelt“ wird.

r Kranwagen hat einen Kran auf der Ladefläche montiert, z. B. zum Abschleppen von Autos; ein anderer Typ wird zum Heben von schweren Lasten benutzt.

r Lieferwagen ist ein Fahrzeug (normalerweise geschlossen), mit dem Waren geliefert werden.

s Fuhrwerk ist ein Wagen aus Holz, der von Pferden gezogen wird. (In Deutschland heute praktisch nur noch bei Volksfesten in Gebrauch.)

E

TÜV – Technischer Überwachungsverein (früher „Dampfkesselüberwachungsverein“), zuständig für die Überwachung des technischen Zustands von Fahrzeugen und anderen industriellen Produkten

Kat – r Katalysator (Einrichtung am Auspuff eines Autos zur Reduzierung des Schadstoffes in den Abgasen)

PKW – r Personenkraftwagen

Kfz.-Vers. – e Kraftfahrzeugversicherung

ADAC – r Allgemeine Deutsche Automobilclub

km/h – Kilometer pro Stunde, Stundenkilometer

LKW – r Lastkraftwagen

F

Ja, das gibt es! **s Autokino** ist ein Freiluftkino, die Zuschauer bleiben in ihren Autos. **r Autofriedhof** ist ein Gelände, wo nicht mehr zu verwendende Autos gelagert werden. **e Autowäsche** ist eine Abkürzung für eine automatische Waschanlage für Autos und bedeutet eigentlich, daß ein Auto gewaschen wird. **r Autonarr** ist ein Autoliebhaber, verrückt nach Autos.

G

Man braucht einen Wagenheber und einen Schraubenschlüssel; für die Radkappe braucht man z. B. einen Schraubenzieher oder einen flachen Gegenstand aus Metall.

H

Autobahn – Das Grundwort heißt *Bahn.* „Auto" ist hier nur ein Bestimmungswort für „Bahn" und hat nichts mit *selbst* zu tun.
Autor – kommt aus dem Lateinischen und heißt *Urheber, Verfasser.*

I

CD – Diplomat (Diplomatisches Korps; *corps diplomatique)*
BYL – Bayerische Landesregierung
BP – Post (Bundespost)
DB – Bahn (Deutsche Bahn)
BG – Grenzschutz (Bundesgrenzschutz)

Beziehung

A

z. B.
Handels-, Liebes-, Geschäftsbeziehungen
diplomatische, langjährige, freundschaftliche, verwandtschaftliche, wirtschaftliche, geschlechtliche, intime Beziehungen

B

1. Bezug 2. -bezüge 3. Bezug 4. Bezüge

C

1. beziehungsreich 2. beziehungsweise 3. beziehungslos

D

Einige Möglichkeiten wären:
Bett (beziehen = mit Bettbezügen, -tüchern überziehen), Zeitung (= abonnieren, regelmäßig geliefert bekommen), Haus (= einziehen in), Rente oder Gehalt (= ausbezahlt bekommen)

E

Vitamin B (ugs.) bedeutet hier: Beziehungen, die bei Geschäften behilflich sein können.

F

Der Spruch bedeutet normalerweise, daß zwei Menschen intime Beziehungen miteinander haben.

G

1. verfügt 2. anknüpfen/aufnehmen 3. abgebrochen 4. stehen

H

s Bratkartoffelverhältnis (ugs.) – älterer Ausdruck für eine Beziehung zwischen einem Studenten und seiner berufstätigen Freundin, wobei der Student diese Beziehung vor allem anknüpft, um Essen zu bekommen.

I

r Rentenbezüger ist ein Mensch, der Rente bezieht. In Deutschland r Rentner / r Rentenbezieher.

Computer

A

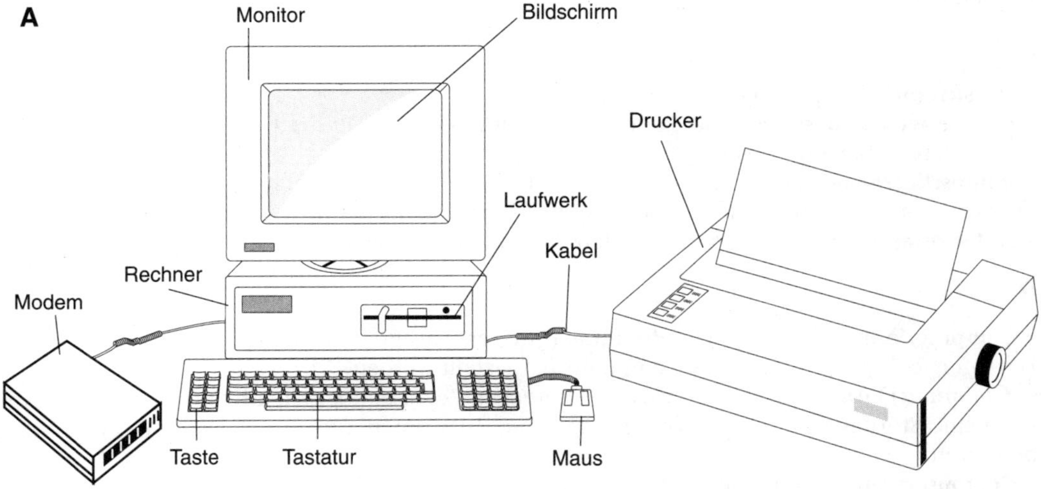

r Bildschirm	r Drucker	e Tastatur	e Taste	r Monitor	r Rechner
s Laufwerk	e Maus	s Kabel	e Zentraleinheit	s Modem	

Die Zentraleinheit ist im Innern des Computers.

B

e Textverarbeitung – s Betriebssystem – s Diskettenformat – e Funktionstaste – e Programmiersprache

C

1. ausgewertet   2. bewerten   3. verwerten

D

Getreide speichern – Feuer löschen – Arzneimittel eingeben – Bücher drucken – Geld abrufen – einen Schock verarbeiten
Alle Verben passen auch zu **Daten:**
Daten speichern – Daten aufbewahren, z. B. auf einer Diskette oder Festplatte
Daten löschen – Daten „ausradieren“, entfernen, wegmachen

Daten eingeben – Daten über Tastatur in den Computer eingeben
Daten drucken – Daten auf Papier ausdrucken
Daten abrufen – gespeicherte Daten auf den Bildschirm bringen
Daten verarbeiten – Daten z. B. sammeln, speichern oder auswerten

E

EDV – elektronische Datenverarbeitung
CUU – computerunterstützter Unterricht
DTP – *desktop publishing,* z. B. Zeitschriftenherstellung, an *einem* Schreibtisch, wo alle Vorgänge wie Schreiben, Korrigieren, Drucken usw. von einer Person am Computer erledigt werden
ROM – *read only memory* (= Nurlesespeicher: Daten, die nur gelesen, aber nicht verändert werden können)

F

e **Datenverarbeitungsanlage** – Computer
e **Datenübertragungsgeschwindigkeit** – die Geschwindigkeit, mit der Daten von einem Ort zum anderen übertragen werden können
r **Datenschutzbeauftragte** – Beamter, der für den Schutz von personenbezogenen Daten vor unberechtigter Kenntnisnahme, Änderung und Verwendung verantwortlich ist
e **Datenkompression** – Verfahren zur platzsparenden Verschlüsselung von Daten

G

e **Computerkunst** – künstlerische Produkte (Formen, Farben, Zeichnungen, Bilder, auch Bewegungen), die mit Hilfe des Computers hergestellt werden
s **(Computer)Virus** (ugs. auch r **Virus**)– entsprechend dem biologischen Krankheitsträger. Es kann eine Störung des Computerprogramms, den Zusammenbruch des Programms herbeiführen.
e **Computergrafik** – grafische Darstellung, die mit Hilfe des Computers hergestellt wird
r **Computerausdruck** – auf Papier gedruckte Texte/Daten aus dem Computer

H

Programmiersprachen

I

Betriebssystem – Paßwortdatei – System – Hacker – Manipulationsprogramm – Softwarefehler – Benutzerprivilegien – VAX-Computer

Deutsch

A

e Eßlust – r Appetit
s Zerrbild – e Karikatur
s Fallbeil – e Guillotine
r Freistaat – e Republik
r Fernsprecher – s Telefon
s Einzelwesen – s Individuum
s Tätigkeitswort – s Verb
r Gesichtserker – e Nase
r Rundfunk – s Radio
s Stelldichein – s Rendezvous
r Personenkraftwagen – s Auto
s Datenverarbeitungsgerät – r Computer

Heute werden benutzt:
Freistaat (offizielle Landesbezeichnung in Bayern, Sachsen)
Tätigkeitswort (in der Schule)
Rundfunk (Sendestation, z. B. Westdeutscher Rundfunk)
Personenkraftwagen (als Abkürzung: PKW)

B

s Reinheitsgebot – bayerisches Gesetz aus dem Jahr 1516, das nur Malz, Hopfen und Wasser zum Bierbrauen erlaubt. Es ist heute noch gültig.
e Angst – Gefühl des Bedrohtseins. Im Englischen hat das Wort meist seine Freudsche Bedeutung.
e Ostpolitik – Politik der Bundesrepublik gegenüber der UdSSR und den Ländern des Ostblocks vor der Wiedervereinigung
r Rucksack – Sack, der auf dem Rücken getragen wird; meist beim Wandern, von Soldaten usw.
e Schadenfreude – boshafte Freude über den Schaden oder das Unglück eines anderen, laut Volksweisheit „die schönste Freude“
e Gemütlichkeit – gemütlich bezeichnet z. B. die Atmosphäre in einem Restaurant, in einem Wohnzimmer. Es gehört Wärme dazu, Harmonie, warme Farben, Stoffe, Holz, Pflanzen, Ruhe, gute menschliche Beziehung, keine Aufregung, keine Aggression, keine klinische Sauberkeit.
s Hinterland – Land hinter einer Küste. Im Englischen hat das Wort sowohl seine ursprüngliche deutsche Bedeutung wie auch die Bedeutung „Gebiet weit entfernt von Städten und ihrem Einfluß“.
r Weltschmerz – Trauer über die Unzulänglichkeiten der Welt
r Kindergarten – Spielschule für Kinder, die noch nicht in der Schule sind
r Blitzkrieg – Krieg, der schnell zum Sieg führt (der Begriff stammt aus dem Zweiten Weltkrieg). Im Englischen wird das Wort auch im erweiterten Sinn benutzt und schließt jeden schnellen, plötzlichen Angriff ein.
s Wunderkind – Kind mit ungewöhnlichem Talent oder geistiger Entwicklung, die weit über sein Alter hinausgeht (z. B. der junge Mozart)
e Weltanschauung – die Art, wie der Mensch die Welt und ihren Sinn sowie sein Dasein in ihr betrachtet (nicht zu verwechseln mit Religion)

C

norddeutsch – niederdeutsch   süddeutsch – oberdeutsch
Die Begriffe *nieder* und *ober* haben in diesem Zusammenhang nichts mit der Lage auf der Landkarte, sondern mit der geographischen Lage zu tun: Im Süden sind die Berge, im Norden ist das Flachland.

D

DAX – Aktien (Deutscher Aktienindex)
DFB – Fußball (Deutscher Fußballbund)
DB – Bahn (Deutsche Bahn)
DGB – Gewerkschaft (Deutscher Gewerkschaftsbund)
dpa – Presse (Deutsche Presseagentur)

E

Man spricht die Wahrheit gern direkt (manchmal auch grob) aus und mißtraut der indirekten, höflichen Ausdrucksweise, z. B. der diplomatischen Sprache. „Auf gut deutsch gesagt" heißt „direkt, gradheraus gesagt".

F

Emanuel Geibel (1815–1884), gefeierter Lyriker der deutschen Einigung unter Führung Preußens, national-konservative Denkweise

G

e Deutschtümelei ist die übertriebene, auch altertümliche Betonung des deutschen Wesens.

H

Das Wort bezeichnete kein Land. Deutschland war also kein politisches Territorium, sondern umfaßte alle Gebiete, in denen Deutsch gesprochen wurde. Die staatlichen und sprachlich-kulturellen Grenzen Deutschlands waren in der Geschichte selten identisch.

I

aus dem Kaiserquartett von Joseph Haydn

Essen I

A

zu Abend – essen
Tiere – fressen (der Ausdruck wird abwertend benutzt, wenn Menschen unmäßig viel bzw. überschnell essen)
Kekse, Salzstangen und Nüsse – knabbern (zum Knabbern gehört meistens das Geräusch beim Abbeißen)
Geräusch beim Essen – schmatzen (Kinder machen beim Kauen manchmal ein Geräusch, das bei Erwachsenen als unfein gilt)
Kleinkind – mampfen (Kleinkinder ohne Zähne, auch alte Leute, mampfen das Essen)
Tabletten, Medizin – nehmen
Vogel – picken
eine Kleinigkeit – zu sich nehmen

B

Es gibt zahllose Kartoffelgerichte mit vielen regionalen Variationen, z. B. Kartoffelpuffer/Reibekuchen, Kartoffelsuppe, Kartoffelknödel/-klöße, Bratkartoffeln, Kartoffelbrei, Kartoffelsalat, Pommes frites, Pellkartoffeln (mit Schale), gekochte Kartoffeln/Salzkartoffeln, Kartoffelkroketten, ja sogar Kartoffelwurst (im Hunsrück).

C

Milchkaffee – e Melange, Abendessen – s Nachtmahl, Sahne – s Schlagobers/r Schlag, Imbiß – e Jause, Brötchen – e Semmel

D

Kohlenhydrate, Ballaststoffe, Mineralien, Eiweiß, Fette, Vitamine (Sauerstoff bezieht der Körper aus der Luft, Harnsäure produziert der Körper, Süßstoff ist ein Zuckerersatz)

E

KOHL – KÜHL – KÜHE – MÜHE – MÜDE – MODE

F

Bertolt Brecht, Zitat aus dem Finale des 2. Aktes der *Dreigroschenoper:*

Das eine wisset ein für allemal:
Wie ihr es immer dreht und wie ihr's immer schiebt,
Erst kommt das Fressen, dann die Moral.
Erst muß es möglich sein auch armen Leuten,
Vom großen Brotlaib sich ihr Teil zu schneiden.

G

Einige mögliche Zubereitungsmethoden wären:
grillen: z. B. ein Steak, Würstchen (über offenem Feuer)
rösten: Kartoffeln, Toastbrot ohne Fettzusatz bräunen
backen: Brot, Kuchen (im Ofen); Eier, Fisch, Fleisch (in heißem Fett).
braten: Fisch, Kartoffeln, Fleisch (in der Pfanne oder im Ofen ohne Wasserzusatz)
schmoren: Fleisch, Gemüse erst in Fett bräunen, dann mit wenig Wasserzusatz zugedeckt kochen.

H

Hamburger – Menschenfresser

I

Im Zuge der weltweiten kulturellen Angleichung ändern sich bei verschiedenen Gesellschaftsschichten und Personen auch die Eßgewohnheiten. Trotzdem bestehen weiterhin traditionelle Verhaltensweisen:
mit den Fingern – z. B. in Indien, auf Java, in Afghanistan
mit Stäbchen – z. B. in China, Japan, Korea, Vietnam
mit Besteck – z. B. in Europa, Australien, Argentinien

Essen II

A

Dresdner Stollen – Hefelaib z. B. mit Rosinen, Zitronat, Puderzucker, besonders üblich in der Weihnachtszeit
Salzburger Nockerl – leichte, schaumige, süße Eierspeise
Kasseler Rippchen – geräucherte Schweinekoteletts
Münchner Weißwurst – milde, weißliche Kalbswurst mit grünen Kräutern
Berner Rösti – braun gebratene, geriebene Kartoffeln
Züricher Geschnetzeltes – kurze Kalbfleischstreifen in einer Soße aus Wein und Sahne
Linzer Torte – Torte mit Füllung aus Himbeermarmelade

B

Wenn man einen Frosch im Hals hat (ugs.), heiser ist oder eine belegte Stimme hat, muß man sich räuspern, um wieder normal sprechen zu können.

C

die Kartoffel

D

Magen

E

Friß die Hälfte! (ugs.)

F

Das Sprichwort drückt die Meinung aus, daß zu viele Chefs oder Entscheidungsträger problematisch sind und es klar sein muß, wer die Veranwortung trägt und das Sagen hat.

G

ruh'n, tun (Sprichwort)

H

e Bulette ist in Berlin und Umgebung üblich (aus dem Französischen *boulette* = kleine Kugel).
s Fleischpflanzerl ist in Bayern gebräuchlich.
e Frikadelle findet man z. B. in Westfalen und Niedersachsen.
r Hamburger Im Gegensatz zum Hamburger sind bei den erwähnten Gerichten oft noch Zutaten, z. B. Brot, Zwiebeln und Gewürze, unter das Fleisch gemischt.

I

nach der Machtübernahme der Nationalsozialisten

Familie

A

ledig, verheiratet, geschieden, verwitwet

B

r Zwilling – eins von zwei gleichzeitig geborenen Kindern
s Pflegekind – Kind, das von einem Ehepaar (Pflegeeltern) in Pflege genommen wird
e Waise - Kind, dessen Eltern gestorben sind
s Schulkind – Kind, das in die Schule geht
s Einzelkind – Kind ohne Geschwister
e Halbwaise – Kind, dessen Vater oder Mutter gestorben ist
s Adoptivkind – fremdes Kind, das als eigenes angenommen (adoptiert) wird
s Straßenkind – Kind, um das sich niemand kümmert, das auf der Straße lebt

C

Wohngemeinschaft (WG): Darunter versteht man eine Gruppe Leute ohne familiäre Beziehung, die zusammen in einer Wohnung lebt; seit den 70er Jahren unter Studenten eine besonders beliebte Form des Zusammenlebens.

D

Der **Freund des Hauses** ist ein häufiger Gast einer Familie. **Hausfreund** bedeutet dasselbe, kann aber auch den Liebhaber der Ehefrau bezeichnen.

E

Jede Familie kann ein **schwarzes Schaf** haben – ein Kind, das sich nicht einordnen kann oder will und nach seiner eigenen Vorstellung lebt, der Außenseiter, Sonderling. Die Bezeichnung kommt aus der bäuerlichen Sprache: das schwarze Schaf in einer weißen Herde.

F

„Der Apfel fällt nicht weit vom Stamm" ist ein Sprichwort und bedeutet, daß ein Kind oft dasselbe Talent oder dieselben Interessen wie die Eltern hat.

G

e Familienzusammenführung – die Zusammenführung z. B. durch Krieg, Politik getrennter Familienmitglieder; oft Grund für die Erteilung einer Einreise- oder Aufenthaltserlaubnis
e Familiengruft – Familiengrabstätte
s Familienbad – öffentliches Bad ohne Geschlechtertrennung (alter Ausdruck, da heute öffentliche Bäder nicht mehr nach Geschlechtern getrennt sind)
e Familienfürsorge – staatliche Sozialhilfe für Familien

H

Mischpoke kommt aus dem Jiddischen und bedeutet (Groß-)Familie.

I

e Stiefmutter – die neue Ehefrau des Vaters nach dem Tod seiner ersten Frau. In Märchen ist sie besonders grausam zu den Kindern der ersten Frau und bevorzugt ihre eigenen (z. B. im *Aschenputtel*).

Farben

A

blutrot – quitte(n)gelb – rabenschwarz – himmelblau – rostbraun – aschgrau – grasgrün – kastanienbraun – schneeweiß – giftgrün

B

r Rotkohl – Gemüse, Kohl mit rotblauen Blättern
e Weißwurst – bayerische Wurstspezialität aus Kalbfleisch, die am Herstellungstag warm mit bayerischem (süßlichem) Senf gegessen werden soll
s Blaukraut – = Rotkohl

r Gelbfilter – gelber Filter für die Kamera
r Grünstreifen – bepflanzter Streifen zwischen zwei oder am Rand von Fahrbahnen
r Rotlichtbezirk – Gebiet, wo Prostitution betrieben wird
s Blaulicht – blaues, rotierendes Licht auf dem Dach eines Polizeiwagens
e Braunkohle – geologisch junge Kohlenart, die im Tagebau abgebaut wird, z. B. am Niederrhein, in Sachsen.

C

1. gestrichen 2. gemalt 3. gefärbt

D

r Schwarzseher – Pessimist; auch Fernsehbenutzer, der keine Gebühren bezahlt hat
e Schwarzarbeit – Arbeit, die von Privatpersonen illegal gemacht wird, für deren Lohn keine Steuern gezahlt werden
r Schwarzfahrer – Passagier in öffentlichen Verkehrsmitteln ohne gültigen Fahrschein
r Schwarzmarkt – geheimer, illegaler Markt, oft in wirtschaftlichen Krisenzeiten

E

Vielleicht, weil er sich nicht genug bemüht oder kein Glück hat. Der Spruch bedeutet, daß jemand keinen Erfolg hat. Nach einem alten Brauch wurden nach einem Verkauf von Land grüne Zweige auf dieses Land gesteckt; damit drückte man den Wunsch aus, daß das Land fruchtbar werde. Wer also keinen grünen Zweig bekommt, ist jemand, der sich kein Land kaufen kann und arm bleibt.

F

Es wird erwartet, daß er offen seine Meinung bzw. die Wahrheit sagt. Der Spruch kommt vom Kartenspielen.

G

1. blau (ugs.) – nicht zur Arbeit gehen
2. blau (ugs.) – betrunken sein
   (Blau kommt möglicherweise von „blauer Montag“; Tag, an dem früher nicht gearbeitet wurde.)
3. blaues – aus dem Spanischen, zur Bezeichnung eines „reinblütigen“ Adligen
4. blauen – mit geringem Schaden einer großen Gefahr entgehen

H

Gründonnerstag ist der Donnerstag vor Ostern. Für die Herkunft des Wortes gibt es verschiedene, nicht eindeutige Erklärungen, z. B. Farbe des Meßgewandes (= Kleidung des Priesters beim Gottesdienst), Essen von grünen Kräutern; aber auch von *greinen* = weinen, jammern, da mit dem Gründonnerstag (letztes Abendmahl) der traurige Teil der Karwoche beginnt.

I

grün – Umweltpartei
rot – Sozialismus, Kommunismus
schwarz – Klerikalismus, Faschismus
blau – UNO-Soldaten
braun – Nationalsozialismus

Feste

A

z. B. **familiäre Festtage:** Geburtstag, Hochzeitstag
kirchliche Festtage: Pfingsten, Ostern, Weihnachten, Buß- und Bettag, Christi Himmelfahrt, Fronleichnam, Kirchweih, Allerheiligen, Karfreitag
weltliche Festtage: Tag der Arbeit (1. Mai), Tag der deutschen Einheit (3. Oktober), Schützenfest

B

Ein **unbewegliches Fest** fällt jedes Jahr auf das gleiche Datum, z. B. Weihnachten.
Ein **bewegliches Fest** fällt nicht auf das gleiche Datum, weil bewegliche Feste nach dem Mondjahr berechnet werden, z. B. Ostern, von dem dann die Zeit bis zu anderen Festen wie Pfingsten, Christi Himmelfahrt abhängt.

C

r Festpreis hat nichts mit einem Fest zu tun; hier bedeutet das Wort *fest* „stabil", „unveränderlich"; über einen Festpreis wird nicht verhandelt.

D

1. eine -feier 2. Feier- 3. fest- 4. Fest- 5. -fest-

E

Der Zungenbrecher paßt zum Hochzeitsfest, die Braut ist die Frau, die heiratet.
Auch wenn Sie das gewußt haben, sollten Sie versuchen, die Sätze so schnell wie möglich zu sprechen. Dann wissen Sie auch, was ein *Zungenbrecher* ist.

F

Das Sprichwort klagt darüber, daß bei Festtagen häufig zuviel gegessen und getrunken wird bzw. werden muß und daß der Körper zuwenig Bewegung bekommt.

G

Feier

H

Das Wort *hoch* deutet auf eine hohe Zeit, eine herausgehobene Zeit, im Gegensatz zur normal verlaufenden Zeit.

I

Ostern – Eiersuchen: Das Ei hat eigentlich nichts mit dem kirchlichen Osterfest zu tun, sondern ist als vorchristliches Fruchtbarkeitssymbol in Zusammenhang mit dem Frühlingsanfang zu verstehen.
Fronleichnam – Prozession: In katholischen Gebieten wird Fronleichnam mit einer Prozession durch grüngeschmückte Straßen und über Felder gefeiert.

Schützenfest – Wettschießen: Fest der Stadt- oder Bürgerschützen, das auf ältere Zeiten verweist, wo sich Städte durch eigene Soldaten (Bürgerwehr) schützten. In einem Wettschießen wird der Schützenkönig ermittelt, es gibt einen Schützenzug und auf dem Schützenplatz ein Volksfest mit Tanzabend, Frühschoppen, Karussells usw.
Advent – Kranz mit Kerzen: Während der vierwöchigen Adventszeit steht oder hängt oft ein Kranz aus grünen Zweigen mit vier Kerzen im Wohnzimmer, in der Kirche, in öffentlichen Räumen. An jedem Sonntag der Adventszeit wird eine weitere Kerze angezündet.
Christi Himmelfahrt – Vatertag: An diesem (kirchlichen) Feiertag machen viele Männer oder Männergruppen Ausflüge zu Fuß oder auf einem Wagen, die meistens in einem mehr oder weniger stark alkoholisierten Zustand enden.
Kirchweih – Kirmes: Feier des Einweihungstages einer Kirche, wird meist mit einem Volksfest – auch Kirmes genannt – begangen.

Film

A

s Autokino, r Trickfilm, r Autorenfilm, r Kinosaal, r Filmproduzent, e Kinowerbung / e Filmwerbung / r Werbefilm, s Untergrundkino / r Untergrundfilm, r Filmvorführraum, r Kinogänger, die Filmfestspiele (Pl.), s Heimkino
Autorenfilm – ein Film, bei dem der Regisseur auch der Drehbuchautor ist
Heimkino – freundlich-ironische Bezeichnung für Fernsehen
Untergrundfilm – provozierender (experimenteller) Film, der aufgrund seiner formalen und inhaltlichen Aussage kaum eine Chance im normalen Verleih hat

B

Einige Möglichkeiten wären:
r Produzent, r Regisseur, r Drehbuchautor, r Darsteller, r Schauspieler, r Kameramann, r Werbeagent, r Stuntman, r Regieassistent, r Cutter / r Schnittmeister, r Komponist, r Bühnenmeister, r Produktionsleiter, r Komparse / r Statist, r Tonmeister, r Filmverleiher, s Double
Stuntman (auch Double) – Person, die bei gefährlichen Szenen den Darsteller vertritt
Cutter – Techniker, der die Rohaufnahme schneidet und neu zusammensetzt
Komparse – Darsteller (auch Laie) bei Massenszenen

C

e Kamerafahrt – die Bewegung der Kamera bei der Aufnahme
s Drehbuch – das Manuskript, das als Basis für die Dreharbeiten dient
e Totale – eine Aufnahme, die im Weitwinkelbereich des Zoomobjektivs gemacht wird und einen Überblick über die gesamte Szene verschafft
e Zeitlupe – Aufnahmeverfahren, bei dem in der Wiedergabe Bewegungen verlangsamt werden (Gegensatz: r Zeitraffer)
r Verleih – ein Unternehmen, das Filme an Kinos ausleiht bzw. verkauft
e Leinwand – die (Stoff-)Fläche, auf die der Film projiziert wird
s Filmsternchen – noch wenig bekannte, junge Darstellerin (oft ironisch gebraucht), Starlet
e Dreharbeiten – alle Arbeiten, die mit den Filmaufnahmen verbunden sind
r Schnitt – die Bearbeitung des aufgenommenen Filmmaterials durch Schneiden und neue Zusammensetzung

D

Einige Möglichkeiten:
r Dokumentarfilm, r Kurzfilm, r Liebesfilm, r Abenteuerfilm, r Krimi / r Kriminalfilm, r Pornofilm, r Science-fiction-Film, r Horrorfilm, e Komödie, r Kriegsfilm, r Western, r Frauenfilm, r Trickfilm, r Kulturfilm
Trickfilm – auch Zeichentrickfilm / Animationsfilm. Film, bei dem Zeichnungen so aufgenommen werden, daß sich die Figuren bewegen.

E

(ugs.) Er hat vor, zu Hause zu bleiben und fernzusehen oder sich Videos anzuschauen. (Pantoffeln sind weiche, bequeme Hausschuhe.)

F

Ein gerissener Film kann geklebt werden. Der Ausdruck heißt heute ugs. auch: „Ich habe den logischen Zusammenhang verloren“, „Ich war so betrunken, daß ich nicht mehr weiß, was ich getan habe“.

G

z. B. unbequeme, schiefe, ausgesessene oder quietschende Sitze – schlechte Tonqualität – zu enge Sitzreihen – unscharfe Einstellung – unruhige Nachbarn – ein zu großer Vordermann

H

Eine ganz dünne Schicht, z. B. Öl, das auf der Oberfläche des Wassers schwimmt.

I

M – Eine Stadt sucht den Mörder	Fritz Lang
Paris, Texas	Wim Wenders
Der blaue Engel	Josef von Sternberg
Der dritte Mann	Carol Reed
Der Händler der vier Jahreszeiten	Rainer Werner Fassbinder
Jeder für sich und Gott gegen alle (Kaspar Hauser)	Werner Herzog

Fliegen

A

Erfreuliche Flugerlebnisse: Beinfreiheit – bequeme Sitze – anspruchsvolles Unterhaltungsprogramm – planmäßige Landung – aufmerksames Personal – Upgrading (= Angebot, in einer höheren Klasse zu sitzen)
Weniger erfreuliche Flugerlebnisse: Kreisen – Overbooking (= es wurden mehr Flugscheine verkauft, als Plätze vorhanden sind) – Entführung – Turbulenzen – Jetlag (= negative Erscheinungen nach einem langen Flug, wie z. B. Schlafstörungen) – Druckverlust in der Kabine – Maschinenschaden – quäkende Lautsprecher

B

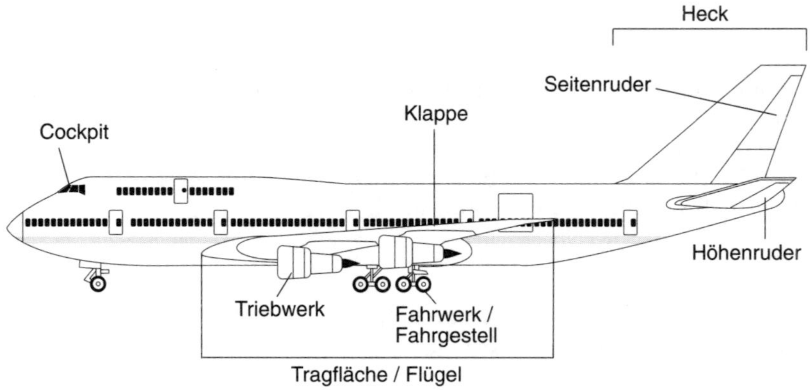

s Triebwerk	e Klappe
s Höhenruder	s Cockpit
s Fahrgestell	s Heck
s Seitenruder	e Tragfläche

C

z. B. Schußwaffe – Kampfmesser – Granate – Bombe – leicht entzündbare Stoffe – mehr als ein Stück Handgepäck

D

z. B. e Rakete, r Doppeldecker, r Zeppelin, r Ballon, r Hubschrauber / r Helikopter, s Raumschiff, s Segelflugzeug, r Düsenjäger, s Flugboot

E

e Flugbahn – die Bahn eines Geschosses oder eines geworfenen Objekts durch die Luft
e Startbahn – Piste für das Starten und Landen von Flugzeugen
e Warteschlange – Reihe von Menschen, Flugzeugen, Autos, die warten
e Warteschleife – Kreisbahnen, die Flugzeuge über einer Gegend fliegen, wenn sie noch nicht landen dürfen

F

flöge

G

e Flugschrift – Druckschrift von geringem Umfang, oft anonym. Nach Erfindung des Buchdrucks entstanden oft Einblattdrucke (Fliegende Blätter = Vorläufer der Zeitung). Flugschriften haben oft politischen Inhalt, deswegen immer wieder verboten. (vgl. *Flugblatt*)
s Flugblatt – Flugschrift von ein oder zwei Blatt Umfang, dient oft der politischen, wirtschaftlichen, gesellschaftlichen Propaganda, z. B. vor Wahlen, im Krieg. Seit dem Ersten Weltkrieg werden Flugblätter manchmal als Propaganda aus dem Flugzeug abgeworfen.
s Flugboot – Wasserflugzeug; Flugzeug, das auf dem Wasser starten und landen kann
r Flugschreiber – Gerät zur Aufzeichnung von wichtigen Flugdaten (Flugdatenregistriergerät)
r Flugfisch – fliegender Fisch; Fisch, der aus dem Wasser springt und ein paar Meter „fliegt“

H

r Kapitän – an Bord gehen – s Ruder – r Steward – s Heck – r (Flug-)Hafen – r Passagier – e Positionsleuchte – e Ladeluke – r (Flug-)Lotse

I

Otto Lilienthal (1848–1896) erkannte den Vorteil des gewölbten Flügels; über 2000 Gleitflüge, an die die Gebrüder Wright anknüpften.

Flucht

A

z. B. politische Gründe, Unterdrückung, Verletzung der Menschenrechte, physische Gefahr (auch naturbedingte wie Vulkanausbruch, Dürre), Hungersnot

B

r Fluchtpunkt hat nichts mit *fliehen* zu tun. Der Fluchtpunkt ist ein Ausdruck aus Architektur, Malerei und Zeichenkunst und bedeutet den Punkt in der Ferne, wo alle parallel laufenden, geraden Linien zusammenzulaufen scheinen, z. B. die zwei Schienen eines Eisenbahngleises.

C

s Exil – Verbannung, Verbannungsort (aus politischen oder religiösen Gründen; „Er lebt im Exil.")
e Emigration – Auswanderung, Flucht u. a. auch, aber nicht notwendigerweise, aus politischen, religiösen, wirtschaftlichen Gründen
e Auswanderung – vgl. *Emigration*
Es gibt einen Unterschied zwischen den Ausdrücken **ins Exil** bzw. in **die Emigration** gehen. „Emigration" kann „Auswanderung" bedeuten, die freiwillig oder unfreiwillig geschieht, während „das Exil" immer eine erzwungene Form der Auswanderung ist. So wird z. B. die deutsche Literatur, die während der Zeit des Nationalsozialismus im Ausland entstand, als Exilliteratur, Literatur im Exil bezeichnet, nicht aber als Emigrationsliteratur oder Literatur in der Emigration.
r Flüchtling – jemand, der flieht oder geflohen ist
r Vertriebene – jemand, der aus seiner Heimat vertrieben wurde. Nach dem Zweiten Weltkrieg machte man in Deutschland einen Unterschied zwischen Heimatvertriebenen, die nach 1945 die deutschen Ostgebiete verlassen mußten, und den Flüchtlingen, die schon vor dem Ende des Krieges geflüchtet waren.

D

Ich kenne sie nicht besonders gut.

E

Ja, das ist möglich. Man flüchtet in die Öffentlichkeit, wenn man etwas Geheimes oder Illegales der Öffentlichkeit bekanntgeben will, um sich selbst zu schützen bzw. reinzuwaschen.

F

Er ist in die Offensive gegangen. *Die Flucht nach vorne ergreifen* bedeutet, daß man nicht flieht, sich versteckt oder zurückzieht, sondern in die Offensive, also nach vorne geht. Ähnliches besagt der Satz *Angriff ist die beste Verteidigung.*

G

e **Fluchtgeschwindigkeit** ist die benötigte Geschwindigkeit, um der Anziehungskraft eines Himmelskörpers zu entkommen, z. B. bei Flügen ins Weltall, Raketenstart.

H

s **Asyl** bedeutet Zufluchtsort (z. B. für religiös oder politisch Verfolgte).
s **Flüchtlingslager** ist ein vorübergehendes Lager für Flüchtlinge, auch innerhalb des eigenen Landes.
e **Aufnahme** finden, gewähren usw. ist ein neutraler Ausdruck und hat zunächst keine politische Bedeutung.

I

Dieser Ausspruch bedeutet heute, daß der Mensch nirgends richtig zu Hause sein kann, letzten Endes keine wirkliche Heimat findet, nur Gast auf Erden ist. Im Alten Testament ist es der Fluch Gottes über Kain nach dem Mord an seinem Bruder Abel.

Fremd

Zeichnung: Links zwei Bayern mit Trachtenhut.

A

z. B. nicht wissen, wo der Bahnhof ist; die Sprache nicht sprechen; die Schrift nicht lesen können

B

Die Antwort heißt nein. **Fremde** hat mehrere Bedeutungen.
r **Fremdenführer** zeigt Fremden (= Besuchern/Touristen) z. B. eine Stadt, ein Schloß.
e **Fremdherrschaft** ist die Herrschaft eines Fremden (= Feind) über ein Land, Gebiet.
e **Fremdenlegion** ist eine französische Truppe zur Sicherung des französischen Kolonialbesitzes, die aus Fremden (= Ausländern) besteht.
s **Fremdenbuch** ist ein Buch an der Hotelrezeption, in dem sich Fremde (= Hotelgäste) eintragen müssen.
r **Fremdenverkehr** ist der Besuch von Fremden (= Reisende/Touristen) in Orten, wo sie nicht wohnen.

C

1. fremd 2. ausländischen 3. unbekannt 4. einheimischen

D

Die Fremdkörper sind:
r Herzschrittmacher – r Glassplitter im Fuß – s Staubkörnchen im Auge – s Steinchen im Reis

E

ein Fremdenzimmer aufsuchen gehört nicht hierher. Die anderen Ausdrücke bedeuten, daß der/die Ehepartner(in) eine(n) Liebhaber/in hat. **Fremdenzimmer** bedeutet „Zimmer zur Übernachtung für Fremde, Gäste". **Das Zimmer aufsuchen** heißt „ins Zimmer gehen, sich zurückziehen".

F

Ein solcher Satz kann nur von Karl Valentin stammen. Valentin, Münchner Volkskomiker, stellt oft in kleinen Szenen die Hilflosigkeit des Menschen in komplizierten Alltagssituationen dar; die Sprache bildet dabei oft die Basis für eine absurde Logik.

G

s Darlehen, r Kredit, e Hypothek

H

Das deutsche Wort heißt **r Fremdenhaß.** *Xenophobie* kommt aus dem Griechischen *xenos* (= Gast, Fremder); *phobie* (= Furcht, Horror).

I

Statt Fremdarbeiter sagt man heute **r Gastarbeiter.** Überlegen Sie, welches Wort eine Beschönigung (Euphemismus) darstellt.

Freude

A

z. B. (von schwach zu stark:) e Heiterkeit – s Vergnügen – e Fröhlichkeit – s Entzücken – e Begeisterung – e Ekstase

B

z. B. e Enttäuschung, r Ärger, e Traurigkeit, e Bitterkeit, e Wut

C

1. Glück 2. Freude 3. Fröhlichkeit

D

s Freudenmädchen – e Prostituierte, e Nutte (vulgär)
s Freudenhaus – s Bordell, r Puff (vulgär)

E

Der Volksmund sagt, Schadenfreude ist die schönste Freude. **e Schadenfreude** ist die boshafte, hämische, spöttische Freude über den Schaden oder das Unglück eines anderen.

F

Auch hier ist **e Schadenfreude** gemeint.

G

Man weint vor Freude.
Man springt vor Freude in die Luft.
Man weint, heult, schreit vor Freude.
Man ist wie betrunken vor Freude.

H

Das Wort hat nichts mit *Freude* zu tun, sondern verweist auf Sigmund Freud (1856–1939), Arzt, Neurologe, Gründer der Psychoanalyse. Freudianer sind Anhänger seiner Lehre.

I

Sie stammt von Friedrich Schiller und wurde von Ludwig van Beethoven (1770–1827) in dem Chorfinale seiner 9. Sinfonie vertont.

Geist I

A

z. B. denken, kalkulieren, analysieren, dichten, lernen, untersuchen, planen, lehren, lesen, übersetzen

B

r Geisterfahrer hat nichts mit *Geistern* zu tun, sondern ist ein ganz „normaler" Autofahrer, der auf der Autobahn auf der falschen Seite gegen den Verkehr fährt.

C

1. geistliche 2. geistreiche 3. geistiges 4. geistige

D

Geisteswissenschaften ist die Sammelbezeichnung für die Wissenschaften, die sich mit den Gebieten der Kultur befassen. (Gegensatz: Naturwissenschaften) Mathematik, Betriebswirtschaft, Jura sind keine Geisteswissenschaften.

E

Die Geisterstunde beginnt um Mitternacht und endet um 1 Uhr morgens.

F

„Wes Geistes Kind jemand ist" bedeutet, wie jemand eingestellt ist, welche Meinung er vertritt, woher er seine Gedanken hat.

G

Ein Geistesblitz ist ein plötzlicher Einfall.

H

r Gischt – Schaum der Wellen, verwandt mit dem alten Wort *gest* (= Gärung)
e Gärung – Verwandlung von Fruchtsäure in Alkohol; auch Unruhe, Aufruhr im Volke

I

Z. B. beherrschen die Menschen nicht völlig die negativen Folgen von Erfindungen (Kernkraftwerke, Autos), die teilweise ihr Eigenleben entwickeln und sich nicht mehr steuern, kontrollieren lassen. Im *Zauberlehrling* bringt ein Geist dem Lehrling ständig Wasser, denn der Lehrling kann den Geist nicht mehr stoppen.

Geist II

A

körperliche Tätigkeiten: marschieren, Geldschrank knacken
geistige Tätigkeiten: Manuskript lesen, meditieren, in ein Computerprogramm einbrechen, dirigieren
geistliche Tätigkeiten: Messe lesen, predigen

B

Geistige Getränke sind Getränke mit starkem Alkoholgehalt, z. B. Schnaps, Wodka, Kognak.

C

r Psychiater ist für Geisteskranke zuständig.
r Heilpädagoge ist für die Erziehung von kranken und körperlich behinderten Kindern zuständig.
r Neurologe ist ein Facharzt für Nervenkrankheiten.
r Neurochirurg ist ein Facharzt, der Operationen am Nervensystem durchführt.
r Psychoanalytiker ist ein Psychologe, der psychische Störungen durch Analyse (= Bewußtmachen von Komplexen, die ins Unterbewußte verdrängt wurden) heilt.

D

e Geisteshaltung gehört nicht hierher. Das Wort bedeutet geistige Einstellung, Weltsicht, Meinung.
Die anderen Wörter drücken Fähigkeit aus:
e Geistesgegenwart – schnelles, umsichtiges Handeln
e Geistesschärfe – scharfes, klares Urteilen, Analysieren
e Geistesgabe – geistige Fähigkeit

E

Kinder und andere Mutige fahren mit der **Geisterbahn,** eine Bahn (bei Kirmes, Volksfesten u. ä.), die durch dunkle Räume führt, die mit Skeletten und „Geistern" ausgestattet sind.

F

(ugs.) Es handelt sich um einen Vorwurf. Der Spruch bedeutet „Du ärgerst mich", „Du machst mich verrückt".

G

Er ist gestorben.

H

Weingeist ist Äthylalkohol.

I

Meistens (leider) das Fleisch. Dieser Spruch aus der Bibel (Matth. 26,41) besagt, daß der Mensch meistens der körperlichen Lust folgt, nicht aber dem, was ihm sein Kopf, Gebote oder die menschliche Ordnung vorschreiben. Man hört z. B. nicht mit dem Rauchen auf, obwohl man es sich vorgenommen hat.

Geld

A

e Geldheirat – Heirat wegen Geldes
r Geldverkehr – inner- oder zwischenstaatlicher Austausch von Geld
r Geldschrank – gepanzerter Schrank für die Aufbewahrung von Geld und Wertsachen
e Geldschneiderei – überhöhte Preisgestaltung (Man schneidet dem anderen den Geldsack/Geldbeutel auf.)
e Geldbuße – Geldstrafe
s Bußgeld – Strafgeld
s Geldgeschäft – Geschäft, bei dem Geld bezahlt wird, im Gegensatz z. B. zum Tauschgeschäft
r Geldsack – Geldbeutel; auch ein sehr reicher, meistens geiziger Mann (ugs.)
r Geldmarkt – Devisenmarkt

B

e Blutbank, e Datenbank, e Krankenkasse, s Bankgeheimnis, r Kassenzettel, e Gartenbank, e Banküberweisung, e Sparkasse

C

1. gezählt 2. bezahlen/zahlen 3. bezahlt 4. Zahlen

D

r Geldwechsler – jemand, der beruflich Geld wechselt, eine Wechselstube betreibt
r Münzmeister – technischer Leiter einer Münze (= der Ort, wo Hartgeld hergestellt wird)
r Geldfälscher – jemand, der Falschgeld herstellt
r Finanzberater – Fachmann, der Menschen berät, die Geld investieren/anlegen wollen

E

Geld regiert die Welt. (Sprichwort)

F

Schilling	Groschen	Österreich
Gulden	Cent	Niederlande
Franken	Rappen	Schweiz
Mark	Pfennig	Deutschland
Krone	Öre	Schweden

G

Ein Mensch wird mit Geld geschmiert (ugs. für bestochen; er bekommt Schmiergeld)

H

banca – e Bank	brutto – brutto
credito – r Kredit	capitale – s Kapital
conto – s Konto	bilancio – e Bilanz
cassa – e Kasse	banca rotta – r Bankrott

Das Wort *Dollar* stammt von dem deutschen *Taler,* früher *Thaler.* Kurzform für *Joachimst(h)aler,* eine Silbermünze aus Joachimst(h)al im Erzgebirge.

I

bei der Einführung einer Toilettensteuer

Gesellschaft

A

e Gesellschaft – Gruppe von Menschen, die aus bestimmten Gründen zusammen leben und arbeiten; Verein (z. B. die westliche Gesellschaft; die Gesellschaft Jesu; Gesellschaft zur Förderung von ...)
sozial – die Gemeinschaft/Gesellschaft betreffend, z. B. die soziale Situation; gemeinnützlich
r Geselle – (Handwerkersprache) Gehilfe eines Meisters, nach Abschluß der Ausbildung/Lehre
r Sozialismus – politische Bewegung gegen den wirtschaftlichen Liberalismus, kämpft für mehr Einfluß und Sicherheit der Arbeitnehmer
gesellig – unterhaltsam, gern unter Menschen
e Soziologie – Lehre vom Zusammenleben von Menschen, Tieren und Pflanzen in einer Gemeinschaft; Gesellschaftslehre

B

r Gesellschaftsabend – e Abendgesellschaft
e Gesellschaftsreise – e Reisegesellschaft
e Gesellschaftswissenschaft – e Wissenschaftsgesellschaft

C

1. Genossenschaft   2. Gesellschaft   3. Gemeinschaft

D

1. Gruppe von Lebewesen oder Dingen mit gemeinsamen Merkmalen (z. B. ein Wagen der Mittelklasse
2. Schicht der Gesellschaft (z. B. Arbeiterklasse)
3. Gruppe von gleichaltrigen Schulkindern, die gemeinsam unterrichtet werden (z. B. 1. Klasse, 2. Klasse usw.)
4. Raum, in dem unterrichtet wird (Klassenzimmer)
5. (ugs.) Ausdruck für hervorragend: Das ist Klasse/klasse!

E

von den Spitzen der Gesellschaft

F

Der Satz ist ironisch gemeint und bedeutet, daß die Gesellschaft gar nicht so fein ist, wie sie sein möchte oder wie sie vorgibt zu sein.

G

offene Gesellschaft – Gesellschaft, an der man teilnehmen kann, in der man als Außenstehender Erfolg haben kann
schlechte Gesellschaft – Unterwelt, Gesindel, Leute, die einen schlechten Einfluß auf andere ausüben
menschliche Gesellschaft – die Gesamtheit aller Menschen
bürgerliche Gesellschaft – von bürgerlichen Werten geprägt (Gegensatz: bäuerliche Gesellschaft, Adel)
industrielle Gesellschaft – geprägt von der industriellen Wirtschaft, die neue Verhaltensweisen verlangt (seit Mitte des 19. Jahrhunderts)
postmoderne Gesellschaft – (nachmodern) Ausdruck zuerst in der Architektur: ein Stil, der sich gegen den „kalten" Funktionalismus wendet und mit historisierenden Elementen spielt. Ausdruck der heutigen Gesellschaft ohne verbindlichen Stil („Alles geht.")
bessere Gesellschaft – vornehme, reichere Schicht mit guter Erziehung. Der Ausdruck wird ugs. oft ironisch verwendet.
geschlossene Gesellschaft – nur für Gäste mit Einladung; Klub; Personenkreis, der niemand Außenstehenden zuläßt, z. B. Adel, Kaste

H

Soziologie

I

aus einer Schrift von Jean Jacques Rousseau (1712–1778)

Haushalt

A

z. B. r Kühlschrank, e Tiefkühltruhe, r Herd, e Spülmaschine, e Waschmaschine, r Wäschetrockner, r Staubsauger, e Kaffeemaschine

B

r Staubsauger – r Besen
e Waschmaschine – r Waschkessel und s Waschbrett
e Stereoanlage – s Grammophon
e Lampe – e Kerze
e Zentralheizung – r Kamin
e Klimaanlage – r Ventilator
r Mikrowellenherd – r Backofen
r Öltank – r Kohlenkeller
r Wäschetrockner – e Leine und die Klammern

C

r Nachtisch ist kein Tisch, sondern eine (süße) Speise nach dem Hauptgericht.
s Geschirrtuch ist kein (nasses) Tuch zum Putzen, sondern dient zum Trocknen des gewaschenen Geschirrs.
r Kochlöffel ist kein Behälter zum Braten bzw. Backen, sondern ist ein Löffel, z. B. um Suppe beim Kochen umzurühren (r Wok = chinesische Bratpfanne).
e Klobrille (ugs.) wird nicht zum Sehen aufgesetzt, sondern ist der Sitz auf einer Toilettenschüssel.

D

1. r Klempner	2. r Elektriker/r Radiotechniker	3. r Heizungsinstallateur
4. r Glaser	5. r Schlosser	

E

Der Hase hat zwei Löffel (= seine Ohren).

F

Sie muß lernen, mit dem vorhandenen Geld auszukommen. Sie gibt mehr aus, als sie verdient.

G

Betten: s Bettlaken, s Bettuch, e Wolldecke, e Daunendecke, e Tagesdecke
Wände: e Tapete, e Holztäfelung
Fenster: r Vorhang, e Gardine, r Store, e Jalousie, s Rollo (frz. *Rouleau*)
Fußböden: r Teppich, e Fußmatte, e Brücke (= kleiner, schmaler Teppich), s Parkett, e Kachel, s Linoleum, s PVC
Töpfe: r Deckel

H

Die Maus gehört nicht in die Küche; jedoch r Wasser**hahn** und r Fleisch**wolf** (Gerät, womit man Fleisch zerkleinert, um Hackfleisch zu machen).

I

Die Axt im Haus erspart den Zimmermann.

Hotel

A

z. B. r Rezeptionist, r Manager, r Koch, r Portier, r Gepäckträger, r Hotelboy, r Kellner, r Zimmerkellner, e Wäscherin, r Barmann, r Fahrstuhlführer, r Buchhalter, r Kassierer

B

z. B.
e Hotelfachschule – Schule, die Hotelangestellte ausbildet
e Hotelkette – mehrere Hotels eines Besitzers bzw. einer Organisation, die dieselben Bedingungen aufweisen

r Hotelaufenthalt – der Zeitraum, in dem man in einem Hotel gewohnt hat
s Konferenzhotel – Hotel mit entsprechenden Räumen, Geräten usw., in dem Konferenzen durchgeführt werden können

C

Alle bieten Unterkunft:
s Hotel garni – Hotel, das nur Unterkunft und Frühstück bietet
e Pension – Unterkunft mit Verpflegung (Halb-/Vollpension), oft eine ausgebaute Privatwohnung
e Herberge – Gasthaus, in dem man übernachten kann, z. B. Jugendherberge
s Heim – Wohnstätte für einen bestimmten Personenkreis, z. B. Altersheim, Arbeiterheim, Studentenheim
s Gästehaus – Haus, in dem Besucher Unterkunft und Verpflegung haben können; Haus für offizielle Gäste einer Regierung
e Skihütte – einfache Unterkunft für Skifahrer
s Appartement-Hotel – Hotel, das kleine Wohnungen für längere Aufenthalte bietet
e Privatunterkunft – Unterkunft in einem Zimmer eines privaten Haushalts

D

r Hotelier – Besitzer eines Hotels
e Hotellerie – das Hotelgewerbe; Beruf, Arbeit, das Hotel betreffend

E

e Bettenburg (ugs.) – sehr großes, unpersönliches Hotel
s Stundenhotel – Hotel, wo sich Liebespaare treffen und wo man pro Stunde bezahlt
e Absteige – Hotel mit schlechtem Ruf
s Nachtasyl – Unterkunft für Obdachlose

F

Medizinische Betreuung wird in einem Kurhotel angeboten. Das Kurwesen war um die Jahrhundertwende in adligen und bürgerlichen Kreisen sehr beliebt (z. B. Luftkurort, Wasserkurort), manchmal ein gesellschaftliches Ereignis. Heute wird der verschriebene Kuraufenthalt von der Krankenkasse bezahlt.

G

1. ausgebucht 2. gebucht 3. abbuchen 4. verbuchen

H

r Swimmingpool – s Schwimmbecken
r Welcome drink – r Willkommenstrunk/s -getränk, Begrüßungsgetränk
s Sightseeing – e Stadtbesichtigung
e Hotellobby – e Empfangs-/Eingangshalle
r Hotelsafe – r Geldschrank für Gäste
r Roomservice – e Zimmerbedienung
r Lift – r Fahrstuhl, r Aufzug

I

z. B. e Zimmerbedienung, e Minibar, s Kabelfernsehen bzw. r Satellitenempfang, e Videothek, e Nichtraucheretage, r Sicherheitsschlüssel, e Ladenpassage, s Schwimmbecken, r Fitneßraum, e erstklassige Küche, e Sauna, e Klimaanlage, r Faxanschluß, e Frauenetage, r Autoservice, s Schuhputzen, r Friseurladen, r Massageraum, e Bibliothek, s Kindermädchen

Informatik

A

z. B. s Videospiel, e Registrierkasse, e Waschmaschine, e Benzineinspritzpumpe bei Autos, r Textverarbeiter (PC), s Abtasten eines Preiscodes

B

r Programmablauf/e -analyse/e -entwicklung, e Programmiersprache, e Lochkarte, e Problemanalyse, e Softwareentwicklung, e Speicherkapazität, s Betriebssystem, r Binärcode

C

r Halbleiter ist ein Speicherelement.

D

s Programm – Formulierung eines Algorithmus und der Datenbereiche, die dazu gehören; Teil einer Programmiersprache
e Sprache – Programmiersprache; sie regelt Umgang/Arbeit/Verkehr mit der Datenverarbeitungsanlage (PC), z. B. FORTRAN
r Speicher – Funktionseinheit zum Aufbewahren von Daten. Digitale Speicher bestehen aus Speicherelementen, die auf ein äußeres Signal reagieren.
s Menü – Liste von Kommandos, die als nächste Befehle möglich sind; Menüs werden normalerweise auf Bildschirmen angezeigt.
s Fenster – Aufteilung des Bildschirms in verschiedene kleine Bereiche, „Fenster". Was normalerweise auf dem gesamten Bildschirm erscheint, benötigt bei dieser Technik nur ein „Fenster", der Benutzer kann so z. B. zwei oder mehrere Datenbereiche gleichzeitig betrachten.
r Schlüssel – Element oder Kombination von Elementen eines Datensatzes zur eindeutigen Identifizierung dieses Datensatzes (oft Geburtsdatum). Ein Beispiel für Schlüssel ist die Personalnummer einer Personalkartei, z. B. in der Gehaltsbuchhaltung einer Firma.
r Drucker – Gerät zur Ausgabe von Daten und Programmen auf Papier

E

natürliche – Intelligenz

F

Man sagt das, wenn das Ergebnis einer Rechenaufgabe völlig klar und die Rechnung einfach ist. Wenn ich z. B. 100 000 Mark habe, die Wohnung, die ich kaufen möchte, aber 250 000 Mark kostet, muß ich Schulden machen. Nach Adam Riese brauche ich noch 150 000 Mark.

Adam Riese (1492–1559) veröffentlichte ein Rechenbuch, in dem er das Dezimalsystem beschreibt, das aus Indien stammt. Dieses System setzte sich zu seiner Zeit in Europa durch und ermöglicht die Automatisierung des Rechenvorgangs.

G

Software entwickeln
Paßwort eingeben
Virus vernichten
Computer ausschalten
Datei anlegen
Befehl eingeben
Betriebssystem laden

H

s. Faksimile

I

Von Ibn Musa Al-Charismi. Das Wort *Algorithmus* geht auf seinen Namen zurück. Er schrieb das Lehrbuch „Regeln der Wiedereinsetzung und Reduktion“.

Jugend

A

r Jugendliche – junger Mensch zwischen ca. 14 und 18 Jahren
r Jünger – (veraltet für) Anhänger; einer der 12 Apostel Christi
r Junge – Knabe (im Gegensatz zu *Mädchen*)
r Jungbrunnen – (aus der Mythologie:) Wasserquelle, die ewige Jugend verleiht
r Junggeselle – unverheirateter Mann
r Jüngling – (veraltet für) junger Mann; Jugendlicher zwischen Pubertät und Reife (vgl. *Jungfrau*)
e Jungfrau – Mädchen, das noch keinen Geschlechtsverkehr gehabt hat; früher: unverheiratete Frau

B

r Jugendschutz – Gesetze zum Schutze der Jugend vor moralischen und körperlichen Gefahren, z. B. Altersgrenze bei Filmbesuchen, Alkoholtrinken
r Jugendfunk – Rundfunk- und Fernsehsendungen für Jugendliche
s Jugendamt – Behörde für Jugendhilfe

C

Ein **schwerer Junge** (ugs.) ist ein (Schwer-)Verbrecher. Ein **grüner Junge** (ugs.) ist ein unreifer, unerfahrener junger Mann. Die **blauen Jungs** (ugs.) sind Marinesoldaten; sie tragen blaue Uniformen.

D

r Jugendstil ist eine Kunstrichtung, die u. a. in der Architektur, Malerei, Graphik, Buchkunst, Mode vorkam. Der Jugendstil begann um die Jahrhundertwende und dauerte bis ca. 1914. Er ist mit *art nouveau* verwandt.

E

e Jugendsünde – Das Wort hat nichts mehr mit *Sünde* zu tun. Es ist ein Fehler, den man in der Jugend begangen hat und der deshalb verzeihlich ist.

F

Das Sprichwort bedeutet, daß man es nicht bereuen muß, wenn man früh geheiratet hat. Es kann auch eine Aufforderung zu früher Heirat bedeuten. Es stammt aus einer Zeit, als Ehescheidungen nicht üblich oder möglich waren. (**freien**: veraltet für heiraten, um eine Braut werben)

G

s Jugendheim gehört nicht hierher. Die anderen Ausdrücke haben mit Recht und Gesetz zu tun.

H

e Firmung (kath.) bzw. **e Konfirmation** (ev.) als Bestätigung der Taufe, die Jugendweihe bedeutet den Eintritt ins Erwachsenenalter

I

Eine Jugendherberge bietet Jugendlichen preisgünstige Übernachtung. Die erste Jugendherberge wurde Anfang des 20. Jahrhunderts in einer Burg in Altena bei Hagen (Westfalen) eingerichtet, wo sie heute noch besteht.

Jugendsprache

A

Alle können *prima* oder *sehr gut* bedeuten, auch wenn die ursprüngliche Bedeutung, z. B. von *geil, wahnsinnig, steil* ganz anders ist.

B

männlich: r Typ, r Macker, r Alte, r Macho, r Freak, r Kumpel
weiblich: e Biene, e Tussi, e Flamme, e Puppe, e Braut, e Mieze, e Tante, e Schnalle

C

r Slogan paßt nicht. Die anderen Wörter bezeichnen „Sondersprachen“, die nur von einem begrenzten Personenkreis oder in bestimmten Situationen benutzt werden.

D

Geld. Einige Ausdrücke, z. B. Moos, kommen aus dem Jiddischen, andere, z. B. Zaster, aus der Gaunersprache usw.

E

r Chauvi – Chauvinist. Mann, der sich Frauen gegenüber überlegen fühlt (aus dem Französischen: übertriebener Patriot)
r Hirni – Intelligenzler, Langweiler (von *Hirn*)

r Knacki – Gefängnisinsasse (von ugs. *verknacken* = mit Gefängnis bestrafen)
r Promi – Prominenter
r Fundi – Fundamentalist (die Partei der Grünen war/ist in Fundamentalisten und Realisten (= Realos) gespalten
r Fuzzi – lächerlicher Typ (komischer Westernheld der 50er/60er Jahre)
r Grufti – alter Mensch (von *e Gruft* = e Grabkammer)
r Softie – weicher, sensibler Mann (vom englischen *soft* = weich)
r Realo – vgl. *Fundi*
r Brutalo – brutaler Mann
r Macho – vgl. *Chauvi*
r Schwuli – Homosexueller (von *schwul* = homosexuell)

F

-aktiv, gesund (*krankfeiern* = vom Arzt krankgeschrieben sein, nicht arbeiten müssen), Arsch, Arm (*arm dransein* = schlecht gehen, in bedauernswerter Lage sein), kurz, -schauer, Scheiße (Hinweis auf die Graffiti in öffentlichen Toiletten)

G

große Kohle – viel Geld
heißer Ofen – schnelles Fahrzeug
steiler Zahn – tolles Mädchen
geiles Feeling – starkes Gefühl
beknacktes Gesabber – dummes Gerede

H

Nicht unbedingt (*trip,* englisch = Reise). Der Ausdruck kommt aus der Drogenszene und bezeichnete ursprünglich das Erlebnis unter dem Einfluß von LSD. Er wird aber auch in anderem Zusammenhang verwendet, z. B. jemand ist auf dem Meditationstrip, Karrieretrip, Egotrip. Das bedeutet, daß man sich im Moment nur für Meditation/die eigene Karriere/sich selbst interessiert.

I

Was lange währt, wird endlich gut.
Wer andern eine Grube gräbt, fällt selbst hinein.
Proletarier aller Länder, vereinigt euch. *(Kommunistisches Manifest)*
Seid fruchtbar und mehret euch! *(Bibel)*
Der Krug geht solange zum Brunnen, bis er bricht. (*brechen* = kaputtgehen; sich übergeben)

Kommunikation

A

lehren, faxen, fahren, beten, kaufen, verkaufen, predigen, Handel treiben

B

Die Massenmedien (Pl.) sind die Mittel zur Kommunikation mit großen Mengen von Menschen, z. B. Zeitungen, Zeitschriften, Rundfunk, Film, Fernsehen.

C

... lange Leitung (ugs.): Der braucht lange, um zu verstehen. (Dahinter steht die Vorstellung, daß lange Telefonleitungen die Verständigung erschweren.)
... Groschen (ugs.): Der braucht lange, um etwas zu verstehen. (Bei alten Automaten dauerte es nach dem Geldeinwurf etwas länger, bis sie sich in Bewegung setzten.)

D

Hier hilft der Elektriker. Ein Wackelkontakt ist ein locker gewordener Kontakt, wodurch der Strom nicht beständig fließt und dadurch ein Elektrogerät z. B. ständig an- und ausgeht.

E

Ich verstehe nur Bahnhof! (ugs.) bedeutet, daß man nicht versteht, was der Gesprächspartner gesagt hat. Der Spruch stammt aus Berlin und ist ein Beispiel für großstädtische Arroganz gegenüber einem Kleinstädter, der in diesem Beispiel nach dem (einen) Bahnhof fragt, während Berlin viele Bahnhöfe hat und der Berliner den Namen des Bahnhofs wissen will.

F

e Quasselstrippe (ugs.) ist eine Person, die ununterbrochen redet.
e Beziehungskiste (ugs.) ist ein salopper Ausdruck für ein Verhältnis zwischen Mann und Frau (meist unverheiratet).
e Flimmerkiste (ugs., scherzhaft) für *Kino* (heute auch *Fernseher*). *flimmern* bedeutet, daß die Bilder nicht klar sind, wackeln.
e Glotze (ugs., abwertend) ist der *Fernseher. glotzen* heißt „starren", „dumm schauen".

G

Kopf schütteln – Verwunderung/Verneinung
nicken – Zustimmung
den Zeigefinger an die Stirn tippen – Beleidigung
die Hände in die Hüfte stemmen – Arroganz
beim Sitzen die Beine verknoten – Unsicherheit

H

e Kommunion – Teil der Messe, kirchliche Feier, Empfang von Brot und Wein (Abendmahl) durch die Gläubigen; bedeutet Vereinigung mit Gott
e Kommunikation – Austausch, Verkehr, gemeinsam reden, handeln
e Kommune – Stadtstaat; Gemeinde; Gruppe, die etwas gemeinsam hat/tut, z. B. studentische Wohnversuche auf kommunistischer Basis mit gemeinsamem Eigentum. Früher negativ für: kommunistische Partei, Pariser Kommune 1871
r Kommunismus – Wirtschafts-/Gesellschaftsordnung mit Gütergemeinschaft, Aufgehen des Individuums in der Gemeinschaft

I

Magellan. Nachdem er 1521 während der Seereise von Spanien nach Asien auf den Philippinen gestorben war, setzte sein Nachfolger die Fahrt fort und vollendete 1522 die erste Erdumseglung.

Körperteile I

A

z. B. e Stirn, s Kinn, r Oberarm, e Taille, s Hinterteil (ugs.), r Hintern (ugs.), r Unterschenkel, e Ferse, r Fußknöchel, e Zehe, r Busen, r Rücken

B

die Nasenflügel (Pl.), s Augenlid, r Finger-/Zehennagel, r Augenwinkel, s Ohrläppchen, e Knie-/Bandscheibe

C

1. Halt (ugs.) 2. stockte 3. stehenzubleiben

D

1. Auge – eine schlimme Wendung nehmen können
2. Herzen – einen Wunsch äußern wollen
3. Leber – ohne Scheu, frei seinen Ärger aussprechen
4. Magen

E

Wenn man jemanden „auf den Arm nimmt“, dann belügt man ihn im Spaß, stellt ihm eine verbale Falle. Wenn man jemandem „unter die Arme greift“, hilft man ihm.

F

Auge – Der Spruch bedeutet, daß sie sich in ihn verliebt hat.

G

1. Haare – Sie kann sich mit Worten wehren, ist gefährlich
2. Haaren – Das ist ein extremes Beispiel/Argument, das nicht zutrifft, falsch ist
3. Haar – Er spricht sehr schlecht über sie, läßt nichts Gutes an ihr
4. Haare – Ich war entsetzt.

H

Hals- und Beinbruch! ist die Verballhornung (= Veränderung aus Unverständnis) eines Segensspruches aus dem Jiddischen, *hazloche un broche* (= Glück und Segen). Alter Schauspielerwunsch vor einer Vorstellung.

I

Mahlzeit (ugs.) – Guten Appetit
Saure Lunge, Saure Nieren, Leberknödel, Pfälzer Saumagen (Fleischpastete), Lungenhaschee (feingeschnitten, gehackt), Kalbsbries (Thymusdrüse, zartes, fast geschmackloses Fleisch), Kalbsleber

Körperteile II

A

Natürlich zwei. Aber *Bein* ist auch ein altes Wort für „Knochen". Sie kennen vielleicht die Berliner Spezialität *Eisbein.* Auf der österreichischen Speisekarte ist *Beinfleisch* zu finden. Und in der Anatomie gibt es viele Zusammensetzungen mit Bein, z. B. Nasenbein für den Rücken der Nase:

s Schlüsselbein
s Brustbein
s Steißbein
s Schienbein
s Wadenbein

B

Natürlich gibt es das!
e Bauchbinde – Binde um den Bauch zum Stützen oder Wärmen; Papierband um eine Zigarre
s Stirnband – Band, das um die Stirn getragen wird
die Kniestrümpfe (Pl.) – lange Strümpfe, die bis zum Knie reichen
r Knieschoner – Material, das zum Schutz vor Stößen (beim Sport) um das Knie getragen wird
die Ohrenschützer (Pl.) – zwei mit einem Band verbundene Stoff-/Plastikstücke, die zum Schutz vor Kälte oder Lärm über den Ohren getragen werden
s Schulterpolster – Polster, das unter einem Kleidungsstück auf den Schultern getragen wird
r Fingerhut – Metall- oder Plastikkappe zum Schutz des Mittelfingers beim Nähen
s Raucherbein (ugs.) – Krankheit, bei der die Adern in den Beinen eng werden, besonders weil jemand viel raucht

e Säuferleber (ugs.) – durch Alkohol geschädigte Leber
e Wanderniere – Niere, die tiefer als normal liegt
s Sportlerherz – vergrößertes Herz durch dauernde höhere Leistung

C

1. den Magen – Sie war ein Schock.
2. den Ohren – Sie ist nicht naiv, sondern z. B. im Geschäft oder in der Liebe sehr erfahren.
3. die Augen – Sie wollen mir nicht die Wahrheit sagen, ich soll mich täuschen.
4. den Zähnen – Sie ist energisch, läßt sich nichts gefallen.
5. Auge – Normalerweise: Das paßt überhaupt nicht. (Alle Ausdrücke ugs.)

D

z. B. r Hut, die Mütze, r Zylinder, r Helm, e Haube, e Kappe, r Schleier, s Kopftuch, e Kapuze

E

r Knochenbrecher (ugs.) – veralteter, negativer Ausdruck für Chirurg
r Halsabschneider (ugs.) – schneidet den Hals nicht ab, sondern ist ein Mensch, der andere wirtschaftlich zugrunde richtet oder zumindest ausbeutet

r Langfinger (ugs.) – ein Taschendieb
r Herzensbrecher (ugs.) – Charmeur; jemand, der viele Frauenherzen gebrochen hat, Frauen in ihn verliebt gemacht hat
r Kopfjäger – jemand, der seinen Feinden die Köpfe abschneidet und diese sammelt; heute auch jemand in der Wirtschaft, der fähige Manager sucht und vermittelt
s Augenzeuge – jemand, der einen Vorfall oder ein Verbrechen gesehen hat

F

1. Er hat keinen Vorrat. (Er kann nur etwas essen/kaufen, wenn er zufällig etwas [Geld] in die Hand bekommt.)
2. Er steckt tief in Schwierigkeiten.
3. Er hatte Angst (und rannte weg).

G

Doppelt gemoppelt (ugs.) heißt soviel wie „zweimal dasselbe". *Gemoppelt* ist ein künstliches Wort in Anlehnung an *doppelt.* Es gibt im Deutschen viele solcher Zwillingsausdrücke, z. B. Mann und Maus, Haus und Hof.

1. Fuß 2. Seele 3. Herz 4. Blut 5. Bein

H

Der blaue Engel

I

s Hinterteil, r Hintern (ugs.), r Arsch (vulgär). Was Goethe hier nicht ausspricht, ist das weitverbreitete vulgäre Schimpfwort: „Du kannst mich am Arsch lecken."

Kultur

A

z. B. s Museum, s Theater, e Oper, e Bibliothek, e Kunstsammlung, e Volkshochschule, e Galerie, r Konzertsaal

B

e Kulturpolitik – alle Maßnahmen des Staates in Zusammenhang mit Kultur
e Hochkultur – Begriff aus der Völkerkunde: Kulturstufe, auf der es z. B. Schrift, Staatenbildung, soziale Hierarchien gibt
r Kulturbeutel – Toilettenbeutel, Täschchen, in dem man auf Reisen Toilettenartikel aufbewahrt
e Körperkultur – Körperpflege
e Wohnkultur – Kultur, Geschmack bei der Einrichtung und Pflege einer Wohnung
s Kulturinstitut – Institut zur Pflege der Kultur, mit Kulturveranstaltungen
r Kulturfilm – Film mit allgemein interessierenden Themen aus Natur, Kunst, Wissenschaft
e Filmkultur – ein Land, das viele gute Filme hervorgebracht hat, hat eine Filmkultur
s Kulturprogramm – Information zu kulturellen Veranstaltungen einer Stadt, eines Instituts; kulturelles Programm einer Veranstaltung

C

1. kultivierte 2. kulturellen 3. kultischer

D

Theater – r Requisiteur/r Magazinverwalter (Verwalter der Gegenstände/Requisiten für Aufführungen), r Beleuchter, r Souffleur (liest während des Theaterspiels die Rollen flüsternd mit, um den Schauspielern zu helfen, wenn sie steckenbleiben), r Maskenbildner (entwirft die Masken der Schauspieler), r Bühnenbildner (gestaltet die Bühne), r Dirigent, r Intendant (Leiter eines staatlichen oder städtischen Theaters), r Spielleiter (Regisseur eines Theaterstücks)
Film – r Schnittmeister/r Cutter, r Komparse (Darsteller einer kleinen Rolle oder in Massenszenen), r Drehbuchautor, r Double (Schauspieler, der dem Hauptdarsteller ähnelt und seine Rolle in Proben und bei manchen Szenen übernimmt), r Stuntman (Schauspieler, der die Rolle des Hauptdarstellers bei gefährlichen Szenen übernimmt), Regieassistent. Auch: r Requisiteur, r Maskenbildner (s. *Theater*)
Literatur – r Verleger, r Lektor (wissenschaftlicher Mitarbeiter zur Begutachtung von Manuskripten), r Redakteur (Schriftleiter, der Beiträge für Veröffentlichungen bearbeitet – meistens bei Zeitungen/Zeitschriften), r Graphiker, r Drucker, r Bibliothekar
Architektur – r Maurer, r Statiker, r Zeichner, r Installateur (Arbeiter für Heizung, Wasser, Gas)
Musik – r Dirigent, r Instrumentenbauer, r Komponist

E

Rocky Horror Picture Show – Kultfilm
Das Liebesleben der Ameisen – Kulturfilm

r Kultfilm ist ein Film, der eine bestimmte, oft marginale Gruppe anspricht und für diese seinen Wert behält und immer wieder angesehen wird (z. B. Blade Runner, Casablanca).
r Kulturfilm – siehe **B**

F

So schimpft man jemanden, der von Kultur keine Ahnung hat.

G

e Kulturrevolution – sozialistische Revolution auf dem Gebiet der Kultur in China; Machtkampf Mao Tse-tungs, der zu einem zehnjährigen Chaos zwischen 1966 und 1976 führte.
r Kulturkampf – Kampf des deutschen Kanzlers Bismarck gegen die katholische Kirche (1871–1887)

H

Das Wort *Kultur* vom lateinischen *colere* (= pflegen, bebauen) ist also zunächst ein landwirtschaftliches Wort. In diesem Sinne wird es hier benutzt.
e Baumkultur – Anpflanzung einer Sorte Bäume zur wirtschaftlichen Nutzung
e Kulturpflanze – von Menschen durch Züchtung entwickelte Pflanze

I

Multikulturelle Gesellschaften findet man meistens in Ländern mit starker Einwanderung, z. B. die Vereinigten Staaten, Australien, Brasilien, Kanada und in zunehmendem Maße auch europäische Länder wie Deutschland, Frankreich, England, die Niederlande. Das Multikulturelle zeigt sich in der Beibehaltung (ggf. auch Pflege) der Sprache und Kultur der Einwanderer (Religion, Speisen, Verhaltensweisen, Kleidung usw.).

Land

A

s Land – Erdboden (Gegensatz zu *Meer*); Grundbesitz; von Grenzen umgebenes Gebiet (= Staat)
e Erde – unser Planet; der Boden, auf dem etwas wächst
r Boden – untere Fläche eines Raumes (Fußboden, Meeresboden, vgl. *Bodenschätze*); Stück Land zum Bebauen
s Feld – ein Stück Land, auf dem etwas angebaut wird
r Acker – vgl. *Feld,* unbebautes Feld; alte Maßeinheit für Grundstücke
s Grundstück – ein begrenztes Stück Boden als Eigentum (z. B. Baugrundstück)

B

Unkraut jäten – Gras mähen – Feld pflügen – Samen säen – Kartoffeln ernten

C

r Landmann – Landbewohner, Bauer
r Landsmann – (Mit-)Einwohner eines bestimmten Landes

D

e Landmacht gehört nicht hierher. Es handelt sich um ein militärisches Wort und bedeutet „das Heer" im Gegensatz zu „Marine" und „Luftwaffe". Traditionell ist Rußland z. B. eine starke Landmacht, Großbritannien eine Seemacht. Die anderen Ausdrücke haben etwas mit „Land" im Sinne von „ländliches Gebiet" zu tun.

E

Eine Landratte (ugs.) ist ein Landbewohner, kein Seemann. Das Wort wird spöttisch von Matrosen benutzt.

F

Bleib ... – Unbeweglichkeit, Aushalten, Immobilität
Ich ... – Beweglichkeit, Aufbruch, Mobilität

G

1. vom 2. aufs 3. ins 4. an 5. außer (oft in der Bedeutung von *flüchten*)

H

Die USA gelten als das Land der unbegrenzten Möglichkeiten. Das Gelobte Land ist der Name Palästinas als „Land der Verheißung", als versprochenes Land an die geschichtlichen Stammväter der Israeliten (*geloben* = versprechen, ein Gelübde ablegen).

I

Regierungschef eines Bundeslandes

Leben

A

z. B. e Lebensphilosophie, s Familienleben, r Lebensabend, s Nachtleben, e Lebensgemeinschaft, s Gemeinschaftsleben, s Gefühlsleben, e Lebensgefahr, r Lebensgefährte, r Lebensstandard, s Klosterleben

B

Die Familie braucht vor allem Nahrung, aber auch Geld; sie ist sehr arm.

C

1. nehmen – geblieben   2. gerettet   3. geschenkt   4. führen

D

liegen – krabbeln – gehen – sich schleppen – liegen

E

REGEL – REGEN – REBEN – LEBEN

F

Man muß mehr angeben!
angeben, prahlen, eine Show/Schau machen: Mit Angeben kann man anderen (und vor allem sich) zeigen, wie gut man ist, was man alles kann, auch wenn es nicht der Wirklichkeit entspricht. Man sieht sich durch Angabe positiver, als man ist. Angabe ist deshalb letzten Endes Selbstbetrug.

G

1. -länglichem   2. -müde   3. -gefährlich   4. -fremder
5. -fähig   6. -wichtig/-notwendig

H

Man kann ein stilles Leben führen, aber kein Stilleben. *Ein Stilleben* ist ein Gemälde von bewegungslosen Gegenständen wie Blumen, Obst usw.

I

Man kann auch „Lebe wohl!" sagen.

Liebe

A

s Liebesleben, s Liebespaar, r Liebesfilm, e Heimatliebe, e Männerliebe, e Naturliebe, r Liebeskummer, r Liebesbrief, e Liebesgeschichte, e Tierliebe, e Schülerliebe, r Liebeshunger

B

verliebt – verlobt – verheiratet –
Das letzte Wort der Reihenfolge kann **geschieden** oder **verwitwet** heißen. (**verschieden** heißt „gestorben").

C

1. liebevoll 2. lieb 3. liebliche

D

Darüber läßt sich lange streiten …

r Liebediener – jemand, der seinen Vorgesetzten schmeichelt
r Partner – es gibt zwar Liebespartner, aber auch z. B. Geschäftspartner
r Ehemann – auch in einer Ehe kann die Liebe erkaltet sein, oder die Ehe kann aus rein juristischen Gründen (Einbürgerung) vollzogen werden
r Freund – hat zunächst nichts mit Liebe zu tun, kann aber in einem entsprechenden Kontext „Liebespartner" bedeuten
r Begleiter – es gibt zwar „ständige Begleiter" im Sinne von Liebespartner, aber das Wort allein sagt das nicht

E

Die logische Folge wäre, gut zu kochen, um den Partner an sich zu binden.

F

Sie ist ein uneheliches Kind.

G

Das müssen Sie selber wissen. Die *platonische Liebe* ist keine körperliche, sondern eine rein seelische bzw. geistige Liebe.

H

Dieser Ausdruck ist im Deutschen eigentlich falsch. Man „macht" keine Liebe, wie man Essen oder Krieg macht. Es gibt keine wörtliche Übersetzung für *to make love,* sondern man sagt z. B. „zusammen/miteinander schlafen".

I

e Liebhaberei, s Steckenpferd

Literatur

A

e Lyrik

B

r Literaturkritiker – jemand, der kritische Betrachtungen über literarische Werke, Literaturkritiken schreibt

s Literaturlexikon – Lexikon zum Thema Literatur
r Literaturpapst (ugs.) – Dichter oder Kritiker, der großen Einfluß auf die Literatur seiner Zeit hat, das letzte Wort bei der literarischen Beurteilung hat
r Literaturpreis – Preis, der für bedeutende literarische Werke verliehen wird
e Literatursprache – gehobene Sprache, die (nur) in der Literatur benutzt wird

C

r Verlag (Unternehmen, das Bücher herstellt) paßt nicht hierher. Die anderen Ausdrücke bezeichnen Teile eines Buches.

D

Verfasser – Dichter – Schriftsteller

E

im Märchen

F

Die Wörter werden in Comics benutzt, um Geräusche auszudrücken.

G

r Literaturliebhaber – jemand, der Literatur liebt
e Liebhaberliteratur – Literatur, die einen bestimmten Kenner-/Liebhaberkreis anspricht

H

e Dichtung
- Werk eines Dichters, Sprachkunstwerk (von *dictare*)
- etwas, das dicht macht, abdichtet; flaches Zwischenstück an Verbindungsstellen technischer Geräte, z. B. ein Gummiring in einem Wasserhahn (von *dihte*)

I

Seelingers satirisches Wörterbuch wurde 1922 zum ersten Mal veröffentlicht.
überliefern – tradieren
vervielfältigen – kopieren, vermehren
r Schwindel – Lüge
r Schwafel – dummes Geschwätz/Zeug
r Quatsch – Blödsinn
e Tunke – Soße
quasseln – viel dummes Zeug reden

Mensch

A

z. B. r Menschenkenner, r Menschenfreund, menschenleer, s Menschenrecht, e Menschlichkeit, e Menschheit

B

r Schneemensch – Yeti; umstrittenes Lebewesen im Himalaya, von dem es noch keine Fotos, jedoch angeblich Fußspuren gibt
r Schneemann – aus Schnee gemachte männliche Figur
r Menschenaffe – Mitglied der Gruppe von Affen, die auf dem Boden halb aufrecht gehen, z. B. Gorilla, Schimpanse
r Affenmensch – auf Java und in China gefundener Frühmensch, *Pithecanthropus*
r Massenmensch – negativer Ausdruck für einen Menschen ohne besondere eigene Meinung, der tut, was alle tun
e Menschenmasse – Menschenmenge; große Zahl von Menschen

C

Ehefrauen/Ehemänner/Eheleute – Geschäftsleute – Weihnachtsmänner – Filmleute – Bergleute (= Arbeiter im Bergwerk) – Parteileute – Fachleute – Staatsmänner

D

1. menschliche 2. menschlich 3. Menschliches

E

Der Mensch denkt, und Gott lenkt.

F

Der Mensch ist das Maß aller Dinge. (Ein Satz des Griechen Protagoras)

G

Frau – Pessimist – Herr – Nachgeordneter (früher: Untergebener) – Menschenfreund

H

Das Wort *Orang-Utan* stammt aus dem Malaiischen und bedeutet „Waldmensch“: *orang* = Mensch, *(h)utang* = Wald. Der Orang-Utan gehört zu den Menschenaffen.

I

aus dem Österreichischen; die Zeile stammt von Johann Nestroy (1801–1862)
s Gesindel – schlechte Menschen, Pack, Pöbel

Musik

A

z. B. r Jazz, r Rock, e Klassik, e Volksmusik, e Sinfonie, e Oper, s Lied, r Schlager, r Song, e Filmmusik, e Kirchenmusik

B

e Katzenmusik (ugs.) – mißtönende Musik; Ausdruck für Musik, die falsch gespielt wird
r Stimmbruch – Übergang von der Knabenstimme zur Männerstimme

r Sängerknabe – Angehöriger eines Knabenchores, z. B. der Wiener Sängerknaben
r Musikantenknochen – empfindliche Stelle am Ellenbogen, die beim Anstoßen weh tut/vibriert
e weibliche Hosenrolle – Männerrolle, die von einer Frau gespielt/gesungen wird
e Kastratenstimme – sehr hohe Männerstimme, die nur bei Entmannten (= Kastraten) möglich ist
r Singvogel – Vogel, der wegen seines Gesangs geschätzt wird, z. B. e Amsel, e Drossel, aber nicht r Rabe, e Krähe
e Stimmgabel – gabelförmiges Werkzeug, das einen bestimmten Ton hervorbringt, z. B. zum Stimmen von Instrumenten
s Alphorn – bis zu vier Meter langes Blasinstrument verschiedener Alpengegenden, vor allem in der Schweiz

Zeichnung: s Froschkonzert. Bezeichnung für lautes Froschgequake.

C

s Lid – Hautfalte zum Schließen der Augen
r Stiel – jedes dünnere, längere Stück, an dem etwas Größeres sitzt, z. B. Besenstiel, Obststiel
r Kanon – Lied für mehrere Stimmen, in dem die Stimmen mit Abstand nacheinander einsetzen
e Saite – feine, feste Schnur aus Darm oder Metall (Saiteninstrumente: z. B. Violine, Bass, Cello)
e Band – (engl.) Musikgruppe für Rock, Jazz, Popmusik
e Bande – eine (meistens) kriminelle Vereinigung; Jugendbande; Gruppe von Einbrechern
e Weise – Tonfolge eines Musikstücks; Melodie
e Waise – Kind ohne Eltern
Musak – (ursprünglich Firmenname) Musikberieselung in Hotels, Supermärkten, Kaufhäusern, Büros, womit auch die Psyche beeinflußt wird (Beruhigung, Verkaufsanregung)

D

z. B. r Orchestergraben, e Orchesterbesetzung, s Rundfunkorchester, s Sinfonieorchester, s Streichorchester, s Kammerorchester

E

Es gibt mehrere Antworten
- das Klavier ist ein Tasten-, die Geige ein Saiteninstrument
- beide Instrumente haben Saiten, aber die Geigensaiten werden gestrichen und die Klaviersaiten geschlagen
- die Frage leitet auch einen dummen Kneipenwitz ein, wobei die Antwort lautet: Das Klavier brennt länger!

F

Wenn Sie eine Nachricht hören, die Ihnen gefällt, z. B. eine Bestätigung für Ihre Meinung.

G

Alles wird gespielt.

H

vom Vogelflügel, der eine ähnliche Form hat

I

Walzerkönig – Johann Strauß (1825–1899), Komponist, Wiener Hofballdirektor; Sohn von Johann Strauß Vater
Zwölftöner – Arnold Schönberg (1874–1951), Komponist, entwickelte Kompositionen mit zwölf aufeinander bezogenen Tönen
Bayreuther Festspiele – Richard Wagner (1813–1883), Komponist; Festspiele in Bayreuth seit 1876
Dresdner Oper – Gottfried Semper (1803–1879), Architekt
Dreigroschenoper – Kurt Weill (1900–1950), Komponist

Natur

A

z. B. e Wüste, r Urwald, e Flußmündung, e Hochebene, s Mittelgebirge, e Küste, e Halbinsel, e Steppe, s Flachland, s Hochgebirge, s Delta (= verzweigte Flußmündung)

B

z. B. e Naturkatastrophe, s Naturdenkmal, e Naturheilkunde, r Naturforscher, r Naturzustand, e Naturwissenschaft, r Naturschutz, e Menschennatur

C

e **Kohle** ist kein Metall
e **Tulpe** ist kein Baum
e **Garnele** ist kein Fisch
r **Thymian** ist keine Blume

D

r **Naturalismus** – Kunstrichtung, die eine möglichst genaue Wiedergabe der Wirklichkeit (auch deren häßliche Seiten) anstrebt

E

Nein, das ist eine Blume.

F

dicke Luft – (ugs.) normalerweise: ungemütliche Atmosphäre; verbrauchte Luft, wie in einem geschlossenen Zimmer
saurer Regen – säurehaltiger Regen, meist durch Auto- und Industrieabgase, verursacht wahrscheinlich „Waldsterben", d. h. das Absterben von Bäumen
totes Gewässer – durch Industrieabfälle oder Naturerscheinungen (z. B. hoher Salzgehalt) verseuchtes Wasser, in dem kein Fisch mehr leben kann

G

s **Naturkind** – unverdorbener, unverbildeter junger Mensch
r **Naturbursche** – kräftiger Mann ohne gesellschaftliche Umgangsformen
r **Naturmensch** – Naturliebhaber; Naturbursche; Mitglied eines Naturvolks (= meist einfaches Volk, das in der Natur lebt, von ihr abhängig ist)

H

Er will seine Staatsbürgerschaft ändern, er will eingebürgert werden.

I

Georg Christoph Lichtenberg

Nazi

A

z. B. r Völkermord, e Diktatur, e Propaganda, e Kristallnacht, s Dritte Reich, r Blitzkrieg, r Haß, s Konzentrationslager, r Jude, e Rassentheorie

e Kristallnacht – Reichskristallnacht (nach dem zertrümmerten Glas jüdischer Geschäfte; richtiger: Pogromnacht, Novemberprogrom 9./10.11.1938, Eskalation der Judenverfolgung)

B

e entartete Kunst – Ausdruck der Nazis für moderne Kunst des frühen 20. Jahrhunderts, die von ihnen abgelehnt und als undeutsch beschimpft und verboten wurde
r Reichsparteitag – jährliches Treffen der Mitglieder der NSDAP, Propagandaveranstaltung der NSDAP
die Rassengesetze – judenfeindliche Gesetze im nationalsozialistischen Deutschland, die auf einer rassistischen Ideologie beruhten und u. a. zum Völkermord an den Juden führten
r Blockwart – von der NSDAP eingesetzter Aufseher, der eine Wohneinheit, einen Häuserblock und dessen Bewohner kontrollierte (das Wort *Wart* existiert z. B. auch in Tankwart, Kassenwart, Schloßwart)
r Judenstern – während der Nazizeit wurden die Juden dazu verpflichtet, das den Davidstern (jüdisches Glaubenssymbol) verunglimpfende Symbol ständig sichtbar zu tragen
r Volksdeutsche – Mensch deutscher Herkunft, der in Ländern außerhalb des Deutschen Reiches von 1937 und Österreich wohnte, z. B. Wolgadeutscher (Gegensatz: Reichsdeutscher)

C

r Reiseführer/-leiter, r Oppositionsführer, r Sparkassendirektor/-leiter, r Filialleiter/-direktor, r Geschäftsführer/-leiter, r Protokollführer, r Pfadfinderführer, r Schulleiter/-direktor, r Bankdirektor

D

Der Unterschied liegt in der Sichtweise. Traditionell würde man sagen, daß Deutschland besiegt wurde; wer gegen die NS-Herrschaft war, könnte oder würde sagen, daß Deutschland befreit wurde.

E

NSDAP – Nationalsozialistische Deutsche Arbeiterpartei
SS – Schutzstaffel, berüchtigte politische Kampftruppe der NSDAP
KZ – Konzentrationslager
HJ – Hitlerjugend, Jugendverband der NSDAP (für Jungen – das weibliche Gegenstück war der BdM, der Bund deutscher Mädchen)

F

Sie erinnern an religiöse oder kultische Sprachformeln, wie „Jesus, Maria, Josef" oder „Vater, Sohn und Heiliger Geist".

G

Paul Hindemith – Komponist
Walter Benjamin – Schriftsteller, Literaturkritiker
Bertolt Brecht – Schriftsteller, Dichter, Theaterregisseur
Marlene Dietrich – Schauspielerin, Sängerin
Albert Einstein – Physiker
Wassily Kandinsky – Maler
Karl Raimund Popper – Philosoph
Ludwig Mies van der Rohe – Architekt
Paul Klee – Maler
Thomas Mann – Schriftsteller
Sigmund Freud – Nervenarzt, Begründer der Psychoanalyse
Lotte Lenja – Schauspielerin, Sängerin

H

fascis – Das Rutenbündel war im alten Rom ein Symbol der Liktoren, der Amtsdiener, die höheren Regierungsmitgliedern und Priestern in der Öffentlichkeit den Weg bahnten.

I

Nazis raus!
Haut die Glatzen, bis sie platzen! (die Glatzen – junge Neonazis hatten Anfang der neunziger Jahre oft eine Glatze)

Ordnung

A

e Rangordnung – hierarchische Ordnung mit dem Wichtigsten, Bedeutendsten an oberster Stelle; Führungsordnung beim Militär
e Sitzordnung – Plan der Sitzplätze, z. B. im Parlament, für die Teilnehmer einer Podiumsdiskussion oder Konferenz
e Tischordnung – Plan der Sitzplätze bei einem Essen
e Hackordnung – (Ausdruck aus der Verhaltensforschung) Bestrafungen werden vom Ranghöheren nach unten weitergegeben, z. B. hackt das stärkere Huhn das schwächere; (ugs.) Rangordnung von oben nach unten im Büro, Betrieb

B

1. ver- 2. an- 3. ab- 4. unter- 5. ein-

C

r Abgeordnete – Mitglied eines Parlaments
r Nachgeordnete – Angestellter, der hierarchisch unter einem anderen (= Vorgesetzten) steht
r Stadtverordnete – Mitglied eines städtischen Kommunalparlaments

D

1. bringen 2. herrscht 3. geht 4. halten

E

Zigaretten – Schachtel
Tabak – Dose
Werkzeug – Kasten
Akten – Ordner
Daten – Bank
Müll – Tonne

F

Ordnung ist das halbe Leben. Der andere Satz parodiert die vielen Sprichwörter zum Thema Ordnung; z. B. auch: In einem geordneten Haushalt findet sich nach längerem Suchen alles.

G

sich ordentlich ausschlafen – gründlich, gut
sich ordentlich hinsetzen – korrekt, wie es sich gehört

H

ordinär – gemein, gewöhnlich, unanständig
r Ordinarius – ordentlicher Professor an einer Hochschule
e Koordination – Zusammenspiel, Abstimmung verschiedener Dinge, Vorgänge, z. B. politische, technische Koordination
e Ordinalzahl – Ordnungszahl (erster, zweiter usw.)
r Orden – 1. religiöse oder weltliche Gemeinschaft, die nach bestimmten Regeln lebt, z. B. Mönche wie Jesuiten, Benediktiner usw. 2. Ehrenzeichen, Auszeichnung (z. B. Bundesverdienstkreuz)

I

Er ist Polizist.

Politik

A

z. B. e Außenpolitik, e Bildungspolitik, e Politikwissenschaft, e Personalpolitik, e Parteipolitik, e Machtpolitik, e Realpolitik, e Kommunalpolitik, e Innenpolitik

B

z. B. r (Ober-)Bürgermeister, r Stadtrat, r Kulturreferent, r Stadtverordnete

C

r Politiker – jemand, der aktiv an der Politik teilnimmt
r Politologe – Lehrer, Professor der Politologie (Politikwissenschaft)
e Politesse – Polizistin (die z. B. Strafzettel ausstellt)

D

Bundeskanzler – Regierungschef
Ministerpräsident – Leiter der Landesregierung
Bundespräsident – Staatsoberhaupt
Staatssekretär – höchster Beamter eines Ministeriums

E

Alle vier Wörter bezeichnen die breite Masse des Volkes, der Wähler, der Partei. Der Gebrauch drückt meistens Arroganz und Geringschätzung seitens des Sprechers aus.
s **Fußvolk** – eigentlich die Fußtruppe einer Armee
s **Stimmvieh** – (das Vieh = die Tiere) Negativer Ausdruck, der besagt, daß man bei Wahlen, Abstimmungen die Stimmen der Gruppe (des Stimmviehs) braucht, nicht deren Argumente. Wie eine Viehherde dem Leittier nachläuft, soll auch nach dem Willen der Partei oder eines Vorstandes abgestimmt werden.
e **Plebs** – ursprünglich: das Volk im alten Rom

F

Max Weber (1864–1920), Volkswirtschaftler, Soziologe

G

Er macht Stammtischpolitik, Politik am Biertisch, also keine Politik, sondern nur (oft unqualifiziertes) Gerede, Meinungen über Politik.

H

Das Wort **Politik** stammt von *polites*, das wiederum von *polis* stammt.

I

Republik: 1919–1933
Monarchie: 1871–1918
Diktatur: 1933–1945

Reich

A

Frankreich, Volksrepublik, Kaiserreich, Finnland, Bundesland/Bundesrepublik, Rußland, Königreich, Lettland, Kolonialreich, Österreich, Bananenrepublik, Weltreich

B

Drittes Reich – Nationalsozialismus
Deutsches Reich – Bismarck/Kaiser Wilhelm
Heiliges Römisches Reich Deutscher Nation – Mittelalter

C

s **Reichsland** – Gebiete unter der direkten Herrschaft des deutschen Kaiserreiches (1871–1918)

e Reichweite – Entfernung, bis zu der etwas reicht, z. B. die Reichweite eines Radiosenders, einer Rakete
s Totenreich – (mythologisch) Reich, in dem die Toten weiterleben
s Tierreich – Gesamtheit der Tiere
s Himmelreich – die ewige Seligkeit; Paradies nach dem Tod
r Reichsdeutsche – Angehöriger des Deutschen Reiches innerhalb dessen Grenzen vor 1938 (Gegensatz: r Volksdeutsche – Angehöriger des Deutschen Reiches außerhalb dessen Grenzen)

D

Zu den **Reichsinsignien** (auch Reichskleinodien – symbolische Schmuckstücke bei der Krönung der Herrscher) gehören die Krone, das Zepter (= Herrschaftsstab) und der Reichsapfel (= eine Kugel mit einem Kreuz als Sinnbild der Weltherrschaft); manchmal auch noch: Schwert, Mantel, Kreuz

E

Abtretung des linken Rheinufers an Frankreich, Ende der geistlichen Fürstentümer und der Freien Reichsstädte im Jahre 1803. Beschluß der Reichsdeputation (Ausschuß des Deutschen Reichstages) nach dem Sieg Napoleons über die deutschen Fürstentümer und Freien Städte. Alle geistlichen Fürstentümer wurden aufgehoben (säkularisiert = verweltlicht), die meisten Freien Reichsstädte (bis auf sechs) mediatisiert, d. h. sie wurden unter die Herrschaft eines Landesherrn gestellt.

F

Die Städte im Heiligen Römischen Reich Deutscher Nation unterstanden dem Landesherrn, z. B. einem König, Herzog, Bischof usw. (= Landstädte). Einige Städte konnten die Unabhängigkeit erringen und waren frei. Sie unterstanden direkt dem Reich, d. h., sie nahmen an den Reichstagen teil, z. B. Frankfurt, Nürnberg, Bremen, Augsburg, Hamburg, Lübeck.

G

r Reichstag – s Parlament der Weimarer Republik – r Bundestag
e Reichsbahn – e Bundesbahn (heute: Deutsche Bahn)
r Reichsadler – r Bundesadler
e Reichsmark – e Deutsche Mark
e Reichswehr (1919–1935), reduzierte deutsche Armee aufgrund des Friedensvertrages von Versailles nach dem Ersten Weltkrieg. Darauf folgte die Wehrmacht (1935–1945) – heute: e Bundeswehr

H

Österreichisch-Ungarische Monarchie (1869–1918), Doppelmonarchie des **k**aiserlichen Österreichs **und** des **k**öniglichen Ungarns.
Volkstümlich auch: Donaumonarchie; k. und k. ist die Abkürzung für alles, was diese Doppelmonarchie betraf; ironisch: „Kakanien“ in Robert Musils Roman „Mann ohne Eigenschaften“.

I

In dem Wort LEHR REICH in der Überschrift. Das Wort heißt richtig **lehrreich** und bedeutet, daß man aus einer Geschichte, einem Beispiel etwas lernen kann.

Reise

A

z. B. neue Eindrücke, Fremdsprache, Exotik, Strapazen, fremde Kultur, Überraschung, Hotelaufenthalt, Gepäck, Globetrotter, Flugzeug, Reiselektüre

B

Pauschalreise, Gesellschaftsreise, Geschäftsreise, Urlaubsreise, Bildungsreise, Gruppenreise, Pilgerfahrt, Heimreise, Auslandsreise

C

Es handelt sich um einen Beruf. Ein Reisender ist ein Vertreter, der herumreist, um Produkte seiner Firma vorzustellen und zu verkaufen.

D

e Reisekrankheit – Übelkeit, die durch die Bewegung eines Fahrzeugs verursacht wird
s Reisefieber – Nervosität und Aufregung vor einer Reise
e Reiseapotheke – Medikamente, Salben usw., die man auf einer Reise mitnimmt
die Reisediäten (Pl.) (veraltet) – Reisespesen; Reisekosten, die vom Arbeitgeber bezahlt/ersetzt werden

E

z. B. r Waschlappen, e Seife, e Zahnbürste, e Zahnpasta, Wattestäbchen (Pl.), r Kamm, e Haarbürste, e Nagelfeile, e Nagelschere, r Rasierschaum, r Rasierapparat, Kosmetikartikel (Pl.), r Deostift

F

Auf Schusters Rappen bedeutet „zu Fuß gehen". r Rappen = schwarzes Pferd: Schusters Rappen sind also die Schuhe.

G

r Wanderbursche – Geselle; Handwerksbursche auf der Wanderschaft
r Weltenbummler – jemand, der viel privat durch die Welt reist
r Pfadfinder – Angehöriger einer internationalen Jugendbewegung, die 1907 in England gegründet wurde (*Boy Scouts*)
r Rumtreiber – jemand, der ziellos herumläuft, vagabundiert; Landstreicher, Vagabund
r Wandervogel – erste Gruppenbildung der deutschen Jugendbewegung 1896; (ugs.) jemand, der nicht seßhaft werden kann, herumzieht
r Zugvogel – Vogel, der im Herbst in wärmere Gegenden (Südeuropa, Afrika) fliegt und im Frühling zurückkommt
r Pilger – jemand, der zu einem heiligen Ort wandert; Wallfahrer
r Wanderer – jemand, der oft und viel wandert; Angehöriger eines Wandervereins

H

Bei einer Fahrt ins Blaue ist das Ziel der Reise nicht bekannt. Die Teilnehmer lassen sich überraschen.

I

Konstanz – Bodensee, Freiburg – Münster, Potsdam – Schloß, Dresden – Zwinger, Hamburg – Hafen, Oberammergau – Passionsspiele

Schmerz

A

z. B. Zahnschmerzen, Kopfschmerzen, Bauchschmerzen, Liebesschmerzen, seelische Schmerzen, Ohrenschmerzen, Herzschmerzen, Rückenschmerzen

B

mit Schmerzmitteln, Betäubungsmitteln, Gegenschmerzen, Alkohol, Drogen; durch Hypnose, Meditation, Willen

C

1. schmerzlich/schmerzhafte/schmerzvoll 2. schmerzhafte
3. schmerzvolle/schmerzhafte

D

Schmerzensgeld (juristischer Ausdruck) müssen Sie zahlen, wenn Sie jemandem körperlichen oder psychischen Schaden zugefügt haben.

E

Sie bekommt in kürzester Zeit ein Kind.

F

1. aushalten/ertragen 2. nachgelassen 3. ertragen/aushalten 4. bereitet 5. betäubt
6. linderndes

G

schneidender Schmerz – Messer, Schere
stechender Schmerz – Nadel, Lanze
bohrender Schmerz – Bohrer
brennender Schmerz – Feuer
ziehender Schmerz – Winde

H

1. Das tut weh. 2. Ich wollte dir nicht weh tun. 3. Hast du dir weh getan?

I

Karies – Zahnarzt
Ausschlag – Hausarzt
Kurzsichtigkeit – Augenarzt
Gallensteine – Internist
Gehörstörung – HNO-Arzt (Hals-Nasen-Ohren-Arzt)
Gebärmutteruntersuchung – Gynäkologe

Sport

A

Fechten

Rudern

Basketball

Surfen

Wasserball

Gewichtheben

B

z. B. r Sportverein, r Wassersport, r Reitsport, e Sportreportage, s Sportjournal, s Sportflugzeug, e Sportzeitung, r Sportunfall

C

das Laufen

D

e Sportmedizin – Teil der medizinischen Wissenschaft, der sich mit dem Zusammenhang zwischen sportlicher Betätigung und der Gesundheit befaßt
r Sportschuh – bequemer praktischer Schuh mit flachem Absatz; hat nichts mit Sport zu tun
r Sportwart – Mitarbeiter im Sportverein, der den Sportbetrieb organisiert
r Sportwagen – niedriger, schneller PKW; Roadster (z. B. Porsche, Maserati)
e Sportgröße – bekannter Sportler
s Sportabzeichen – Abzeichen für sportliche Leistungen von Nichtprofis
e Sportsprache – Fachausdrücke aus dem sportlichen Bereich
r Sportsfreund (ugs.) – Anrede, z. B. „Hallo, Sportsfreund!“

E

Aufschlag, Netzball, Schläger, Schiedsrichter, Aus: (Tisch-)Tennis
Hürde, Parcours: Reiten
Eckball, Schiedsrichter, Abseits, Aus: Fußball

F

z. B. werfen, schießen, schmettern, schlagen, dribbeln, abgeben, einwerfen, treten, halten, flanken, abspielen, behalten, annehmen, führen, anschneiden

G

ein Spiel gewinnen
einen Gegner schlagen
eine Niederlage erleiden
einen Sieg erringen

H

Das Wort *Marathon* stammt aus dem Griechischen und ist ein Stadtname. Der *Marathonlauf*, eine olympische Disziplin, hat seinen Ursprung in der Überlieferung (nicht belegt) der griechischen Geschichte: Nach dem Sieg der Griechen über die Perser bei Marathon im Jahre 490 soll ein Mann – um die Siegesnachricht zu überbringen – 42,5 Kilometer nach Athen gelaufen und dort tot zusammengebrochen sein.

I

-tor, Schuß, hält

Sprache

A

z. B. e Muttersprache, e Fremdsprache, e Zweitsprache, r Dialekt, e Mundart, *e lingua franca*, e Programmiersprache, e Geheimsprache, e Körpersprache, e Taubstummensprache, e Umgangssprache, e Fachsprache, r Jargon, e Kunstsprache

B

r Sprachschatz – Gesamtheit der Wörter und Wendungen einer Sprache
e Sprachregelung – Absprache zwischen Gesprächspartnern, bei einem gewissen Thema bestimmte Punkte nicht oder mit derselben Argumentation zu besprechen
s Sprachrohr – Informationsorgan, z. B. einer Partei
e Sprachinsel – Gebiet, in dem eine andere Sprache gesprochen wird als in den umliegenden Gebieten
r Sprachraum – geographisches Gebiet, in dem eine bestimmte Sprache gesprochen wird, z. B. ist der deutsche Sprachraum größer als die Bundesrepublik Deutschland
s Sprachzentrum – Teil des Gehirns, in dem das Sprechen und Sprachverstehen verarbeitet werden

C

1. sprechen 2. redet 3. sagt

D

Azubi – Lehrling
Mitarbeiter – Angestellter
Senioren – Alte/Greise
Besserverdienende – Reiche
Raumpflegerin – Putzfrau
Nachgeordneter – Untergebener

E

Eine 1887 von dem polnischen Arzt Ludwig Zamenhof geschaffene **Kunstsprache**, Welthilfssprache. Ein weiterer von ca. 500 Versuchen ist *Volapük* des deutschen Pfarrers J. M. Schleyer (1879).

F

Er sagt genau das, was er denkt/fühlt. Er ist grob, verhält sich nicht diplomatisch.

G

e Zunge, die Zähne, die Lippen, r Gaumen, e Kehle, r Kehlkopf, die Backen, die Stimmbänder, e Nase, e Lunge, s Zwerchfell

H

r Dialekt

I

Dem Volk aufs Maul schauen: hören, wie das Volk, die einfachen Menschen, etwas ausdrücken, was z. B. für Martin Luther bei der Übersetzung der Bibel aus dem Lateinischen ins Deutsche wichtig war, damit der Text verstanden wurde.
Jemandem nach dem Mund reden: sich so ausdrücken, wie es der andere hören will.

Stadt

A

e **Metropole** – (aus dem Griechischen: Mutterstadt, Mutter der Städte) Mittelpunkt, (Wirtschafts-)Zentrum, nicht unbedingt Hauptstadt, z. B. Paris, New York, Shanghai, Istanbul
e **Hauptstadt** – Sitz der Staatsregierung, z. B. Berlin, Wien, Bern
e **Weltstadt** – (vgl. *Metropole*) mehr als nur eine Hauptstadt; eines der Weltzentren
e **Großstadt** – in Deutschland eine Stadt mit 100000 Einwohnern. Dieser Maßstab hat international keine Gültigkeit.
e **Megalopolis** – Riesenstadt, z. B. Mexico City, Tokio, São Paulo
e **Trabantenstadt** – in der Nähe einer Großstadt geplante, nicht organisch gewachsene Wohnsiedlung; Satellitenstadt
e **Kreisstadt** – Hauptstadt eines Landkreises mit der Kreisverwaltung
e **Millionenstadt** – Stadt mit mindestens einer Million Einwohner

B

z. B.
urban – städtisch (in bestimmter Situation auch: gebildet)
e Urbanität – städtische Atmosphäre (in bestimmter Situation: Bildung)
e Urbanistik – Wissenschaft des Städtebaus
e Urbanisierung – Verstädterung
urbanisieren – verstädtern

C

e Innenstadt – s Stadtzentrum
r Stadtteil – s Stadtviertel
r Stadtrat – r Stadtverordnete

D

Städtebau – Städtchen – Städter – städtisch – Kleinstädter – Städtepartnerschaft – Städte

E

Eine **Stadtmutter** gibt es nicht. Das **Stadtkind** ist ein Kind, das in der Stadt aufwächst (Gegensatz: Landkind). Die **Stadtväter** sind die leitenden Mitglieder der Stadtverwaltung.

F

Der Spruch stammt aus dem Mittelalter. Die meisten Bauern waren in starker Abhängigkeit von einem Landbesitzer und hatten nur wenige Rechte, sie waren oft Leibeigene, „gehörten“ einem Besitzer. Wenn ihnen die Flucht in die Stadt gelang, waren sie freie, unabhängige Bürger.

G

Kleinstadt, Arbeitsstätte/-statt, Begegnungsstätte, Schlafstadt/-statt/-stätte, Bundesstaat, Werkstatt/-stätte, Raststätte, Gaststätte, Vergnügungsstätte, Militärstaat

H

Eine grüne Witwe wohnt im Grünen, am Stadtrand oder auf dem Land, während ihr Mann täglich zur Arbeit pendelt. Sie ist tagsüber allein (als ob verwitwet).

I

Berlin, Bremen, Hamburg

Tiere I

A

e Tierzucht – Zucht von Nutztieren
s Zuchttier – zur Zucht verwendetes Tier, z. B. Zuchthengst, Zuchtbulle
r Tierversuch – biologische, medizinische Versuche, die z. B. für die Entwicklung von Produkten an lebenden Tieren durchgeführt werden
s Versuchstier – Tier, an dem Versuche durchgeführt werden; ugs. auch: Mensch als Objekt bei einem technischen, sozialen, usw. Experiment
r Tierschutz – gesetzlicher Schutz für Tiere vor Mißhandlung und Quälerei, Schutz vor Ausrottung seltener Arten
r Tiergarten – Zoo, Zoologischer Garten
e Tierfabel – moralische Erzählung, in der Tiere die Hauptrollen spielen
s Fabeltier – Tier, das nur in Geschichten, Mythen erscheint, z. B. s Einhorn, r Drache
e Tierquälerei – das Quälen/die Mißhandlung von Tieren

B

z. B. r Schnabel, r Schwanz, r Flügel, e Pfote, r Huf, r Beutel, e Flosse, e Schuppe, e Kralle, die Kiemen (Pl.), r Fühler

C

Pferd – wiehern, Rabe – krächzen, Katze – miauen, Vogel – zwitschern, Kuh – muhen, Ente – quaken, Hund – bellen

D

1. tierisch (Jugendsprache: außerordentlich; sehr)
2. tierisch (wie wilde Tiere; bestialisch)
3. tierischen (ugs. humorlos)

E

1. Krustentier mit einem charakteristischen Seitwärtsgang, das sowohl auf dem Land wie im Wasser lebt
2. Krankheit, bösartige Geschwulstbildung des Gewebes, Karzinom
3. Viertes Tierkreiszeichen (21. Juni bis 20. Juli)
4. Sternbild des Nordhimmels

F

Der Satz bedeutet nicht, daß er besonders groß ist, sondern daß er viel Einfluß hat, eine hohe Position einnimmt.

G

katzenfreundlich, bärenstark, vogelleicht, hundemüde

H

r Zoo – r Tiergarten, r Veterinärmediziner – r Tierarzt, r Zodiakus – r Tierkreis, r Dompteur – r Tierbändiger

I

Ochse – Mecklenburg, Bär – Bern/Berlin, Löwe – Bayern/Thüringen, Adler – Deutschland/Brandenburg, Roß – Niedersachsen

Tiere II

A

z. B.
e Katze, r Tiger, r Leopard, r Jaguar, r Panther, r Löwe
e Taube, r Papagei, e Eule, e Schwalbe, e Möwe, r Falke, r Specht, r Adler, r Storch, r Geier
r Esel, s Pferd, s Zebra, s Maultier
r Wolf, r Fuchs, r Schakal, r Hund
r Hirsch, r Elch, s Reh, s Rentier, e Antilope
r Hecht, e Forelle, r Hering, r Thunfisch, r Karpfen, e Scholle

B

r Wetterfrosch – (ugs.) Meteorologe; ursprünglich ein Frosch in einem Glasbehälter, in dem ein Leiterchen war. Wenn der Frosch oben saß, sollte das gutes Wetter bedeuten.
r Angsthase – ängstlicher Mensch, Feigling (auch Hasenfuß)
s Steckenpferd – Hobby; Zeitvertreib; Kinderspielzeug (= Stock/Stecken mit geschnitztem Pferdekopf, auf dem ein Kind „reitet")
die Krähenfüße (Pl.) – Fältchen, die sich im Alter an den äußeren Augenwinkeln bilden
r Schluckspecht (ugs.) – jemand, der viel Alkohol trinkt
r Zebrastreifen – Fußgängerübergang, weiße Streifen auf der Straße (alle Streifen zusammen werden hier r Zebrastreifen genannt)
die Krokodilstränen (Pl.) – geheuchelte Tränen
r Knallfrosch – bestimmte Art von Feuerwerkskörper, der Krach macht, auch r Kracher;

(ugs.) Mensch mit „verrückten“, außergewöhnlichen Ideen, die er nicht verwirklicht
e Rabenmutter – Mutter, die sich nicht um ihre Kinder kümmert; hartherzige, schlechte Mutter

C

Das sind Fabeltiere: Tiere, die nicht in der Natur existieren, sondern von Menschen erfunden wurden.

D

Maus – Loch, Vogel – Nest, Fuchs – Bau, Hund – Hütte, Pferd – Stall

E

s Froschkonzert – Quaken vieler Frösche im Teich
s Affentheater (ugs.) – übertriebene, lächerliche Angelegenheit
e Katzenmusik (ugs.) – mißtönende Musik; schlecht gespielte Musik

F

Das Sprichwort heißt „Eine Schwalbe macht noch keinen Sommer“. Normalerweise kündigen die aus dem Süden zurückkommenden Schwalben den Sommer an, aber, wie das Sprichwort sagt, sind die ersten Schwalben keine Garantie dafür, daß der Sommer kommt.

G

Das ungewöhnliche Tier heißt „Schnabeltier“ (engl.: *platypus*) und lebt in Australien.

H

im Hühnerstall: vgl. Lösung *Ordnung, A*

I

Katzen müssen mausen, d. h. Mäuse fangen, es liegt in ihrem Wesen. Man kann eine Grundeigenschaft (auch des Menschen) nicht ändern.

Tod

A

Hier heißt *tod-* sehr, ganz, extrem. Weitere ähnliche Zusammensetzungen wären z. B.: todtraurig, todunglücklich, todlangweilig, todschick, todelend, todernst

B

Teil I: sterben
Teil II: Diese Ausdrücke kommen aus der Umgangs- und Gaunersprache.

C

Das Taufbecken paßt nicht hierher; es ist der Behälter für das Wasser, das bei der Taufe benutzt wird. Alle anderen Wörter haben etwas mit dem Tod zu tun.

e Trauerfeier – Feier für einen Verstorbenen
s Testament – Vermächtnis; letzter, schriftlicher Wille; Erklärung des Verstorbenen, was mit seinem Besitz geschehen soll
r Sarg – Behälter, in den der Tote gelegt wird
s Leichentuch – Tuch, in den der tote Körper (= die Leiche) gewickelt wird
s Grab – Grube auf dem Friedhof, in der der Tote beerdigt wird
e Urne – Behälter für die Asche nach der Verbrennung/Einäscherung des Toten
r Sarkophag – prunkvoller Sarg, oft aus Stein

D

Nein, nichts ist gestorben.
r tote Punkt – Punkt, an dem man nicht mehr weiterkommt (bei der Arbeit) oder glaubt, nicht weiterzukönnen (beim Sport)
s tote Rennen – ein unentschiedenes Rennen
e tote Leitung – elektrische/telefonische Leitung, die keine Verbindung herstellt
s tote Kapital – Kapital, das keinen Gewinn bringt

E

Der Satz war ein politischer Slogan von den Gegnern der Wiederbewaffnung Deutschlands, Kriegsgegnern und Pazifisten in den 50er und 60er Jahren und bedeutet: Lieber unter die kommunistische Herrschaft kommen, als in einem Krieg sterben.

F

Der Satz kommt aus dem Text, der bei Eheschließungen vorgelesen wird.

G

Beide Ausdrücke bezeichnen die Selbsttötung. Das Wort **Selbstmord** deutet auf den sträflichen Akt des Mordes hin und drückt damit aus, daß der Selbstmord „verboten“ ist, von der Gesellschaft nicht akzeptiert wird. Im Christentum gilt er als Sünde, Sterbehilfe ist in den meisten Ländern verboten.

H

der personifizierte Tod
r Sensenmann und **r Schnitter** – Darstellung des Todes als Erntemann mit Sense (= Instrument mit scharfer, leicht gebogener Klinge/Sichel zum Abschneiden [= ernten] von Gras und Getreide)
s Gerippe – Darstellung des Todes als Skelett
Freund Hein – (ugs.) der Tod

I

Buß- und Bettag – evangelischer Feiertag zur Selbstbesinnung, Erinnerung an Sünde und ewige Strafen. **büßen** – wiedergutmachen, Strafe auf sich nehmen
Aschermittwoch – Mittwoch nach den Karnevalstagen. In der katholischen Kirche bekommt der Kirchgänger ein Kreuz aus Asche auf die Stirn gezeichnet, zur Erinnerung daran, daß der Mensch sterben muß.
r Totensonntag – letzter Sonntag des Kirchenjahres, den Toten gewidmet
Allerseelen – katholischer Feiertag am 2. November zum Gedenken an alle Verstorbenen

Volkstrauertag – nationaler Trauertag zum Gedenken der Opfer beider Weltkriege und des Nationalsozialismus
Karfreitag – Tag der Kreuzigung Christi, Freitag vor Ostern (*Kar-* stammt von dem althochdeutschen Wort *chara* = Wehklage, Trauer)

Trinken

A

ein Glas Wein – trinken
nach der Arbeit schnell einen Schnaps – kippen
zu viel, zu schnell – saufen
ein Kind an der Mutterbrust – saugen
heißen Tee – schlürfen
teuren Kognak – nippen
Tabletten – schlucken

B

r Gerstensaft (ugs.) – Bier (Bier wird aus Gerste, Wasser und Hopfen gebraut)
r Gänsewein (ugs.) – Wasser
s Feuerwasser (ugs.) – hochprozentige Alkoholika
e Feuerzangenbowle – heißes Getränk aus Rotwein und Rum, wobei ein großes Stück Zucker (Zuckerhut) über die Bowle (= Getränk aus Wein, Früchten, Gewürzen) gelegt, mit Alkohol übergossen und angezündet wird. Der Alkohol leuchtet bläulich, der Zucker tropft in die Bowle. Wird besonders gerne im Winter in Gesellschaft getrunken.
r Rebensaft (poetisch) – Wein
r Rachenputzer (ugs.) – schlechter, saurer Wein; scharfer Schnaps (r Rachen = e Kehle)

C

e Trunksucht; auch r Alkoholismus

D

Nährflüssigkeit, Medikament, Kochsalzlösung, Blut. Wenn ein Patient auf der Intensivstation liegt und Flüssigkeiten tropfenweise direkt ins Blut bekommt, **hängt er am Tropf**.

E

Die Person hat viel zuviel Alkohol getrunken.
einen Kater haben – Kopfschmerzen, Müdigkeit vom Alkohol; normalerweise am nächsten Morgen
eine Fahne haben (ugs.) – aus dem Mund nach Alkohol riechen
blau sein (ugs.) – betrunken sein

F

Zunächst einmal: gar nichts, denn **Saftladen** (ugs.) bedeutet ein schlecht geführtes Geschäft, ein schlecht funktionierender Betrieb, eine unordentliche Wirtschaft; mitunter aber auch ein schlampig geführter Laden.

G

Himbeersaft/-schnaps, Apfelsaft/-schnaps/-wein, Kirschsaft/-schnaps/-wein/-likör, Obstsaft/-schnaps/-wein, Pflaumensaft/-schnaps, Aprikosensaft/-schnaps/-likör, Birnensaft/-schnaps

H

Aus dem Arabischen: das arabische Wort *qahwah* scheint von „Kaffa" zu stammen; Gebiet in Abessinien, aus dem die Kaffeepflanze stammt.
Das Wort **Mokka** stammt ebenfalls aus dem Arabischen und bezieht sich auf die jemenitische Hafenstadt Mocha, von wo Kaffee besonders im 19. Jahrhundert exportiert wurde.

I

Ein Trinkgeld gibt man, wenn man mit einer Dienstleistung zufrieden ist, z. B. dem Kellner im Restaurant, dem Gepäckträger im Hotel, dem Friseur, dem Taxifahrer.

Umwelt

A

z. B. r Umweltschutz, e Umweltverpestung, e Umwelthilfe, e Umweltsteuer, r Umweltminister, s Umweltgesetz

B

e Sonne – r Kollektor, e Solarzelle
s Wasser – e Turbine
r Wind – e Windmühle, s Windkraftwerk, s Windrad
s Biogas – r Biogenerator

C

s Pflanzenschutzmittel – s Schädlingsbekämpfungsmittel
s Treibhauseffekt – r Anstieg der Durchschnittstemperatur
r Giftmüll – r Sondermüll
e Verklappung – e Abfallbeseitigung auf See
e Abfallverwertung – e Müllverbrennung (um Strom zu erzeugen)
e Ozonschicht – r UV-Strahlenschutz (UV = ultraviolett)
e Atomkraft – e Kernenergie

D

Fliegenklatsche – Insektizide
Einkaufstasche – Plastiktüte
Duschen – Baden
Pfandflasche – Einwegflasche
Wäscheleine – Trockner
Pappverpackung – Kunststoffverpackung

Solche und ähnliche Ratschläge für privaten Umweltschutz werden immer wieder in Zeitungen, Broschüren usw. propagiert.

E

Ein Grüner tritt für den Umweltschutz ein, versucht umweltfreundlich zu leben, ist Mitglied der Partei „Die Grünen".
Ein grüner Junge ist ein unerfahrener, unreifer junger Mensch.

F

r Lumpensammler – Mann, der von Haus zu Haus geht und alte Kleidung, Papier, Flaschen usw. sammelt
r Müllkutscher – Lenker eines Pferdewagens, der Müll einsammelt
r Schrotthändler – Unternehmer, der mit altem Eisen handelt

G

z. B. s Wasserschutzgebiet, r Landschaftsschutz, r Pflanzenschutz, r Tierschutzverein, r Naturschutzpark, r Nationalpark

H

Meistens wird **s Recycling** (aus dem Englischen) benutzt.

I

Diese Verordnung regelt bzw. schreibt vor, wie hoch die Menge an Giftstoffen in einem Pflanzenschutzmittel sein darf.

Universität

A

z. B. r Professor, s Studium, s Examen, s Seminar, e Vorlesung, r Akademiker, e Aula, e Forschung, s Semester, r Austauschstudent, s Praktikum, r Numerus clausus, s Stipendium, s Studienkolleg

B

e Universität – Lehr- und Forschungsstätte für alle Wissensgebiete
e Hochschule – (vgl. Universität)
e Fachhochschule – Hochschule mit spezialisiertem Studienangebot. Der Abschluß der Fachhochschule berechtigt zum allgemeinen akademischen Studium.
e Akademie – Vereinigung, Gesellschaft von Gelehrten (z. B. Sprachakademie); Forschungsanstalt; Anstalt zur Förderung der Wissenschaften, Lehrbetrieb (z. B. Musik-, Kunstakademie)

C

1. gelernt 2. studiert 3. studiert 4. studiert 5. lerne

D

e Promotion – Prüfung, die zum Führen des Doktortitels (Dr.) berechtigt
s Staatsexamen – Studienabschluß für den Staatsdienst
e Habilitation – Prüfung, die zum Führen des Professorentitels (Prof.) berechtigt

r Magister – Studienabschluß, der zum Führen des Magistertitels (MA) berechtigt (nicht zu verwechseln mit dem MA in den USA, der einen höheren Rang einnimmt)
s Diplom – Urkunde über eine akademische Diplomprüfung. Auch in Verbindung mit bestimmten Berufsbezeichnungen wie Diplom-Ingenieur (Dipl.-Ing.), Diplom-Kaufmann, Diplompsychologe

E

Dr. – Doktor, nicht nur für Ärzte, auch für Philologen, Juristen usw.
DAAD – Deutscher Akademischer Austauschdienst
MA – Magister
Bafög – staatliche finanzielle Unterstützung von Studierenden, Abkürzung für Bundesausbildungsförderungsgesetz
TH – Technische Hochschule
TU – Technische Universität
Ass. – Assistent/-in
Hiwi (ugs.) – Hilfswissenschaftler, studentische Hilfskraft z. B. in der Universitätsbibliothek

F

Während des Studiums muß man mehrere Semesterarbeiten schreiben, für die man Bestätigungen, Zeugnisse (= Scheine) bekommt.

G

e Studentenverbindung – traditioneller Studentenverein (mit festen Regeln, oft konservativer politischer Denkweise, Uniformen bei bestimmten Veranstaltungen, rituellem Verhalten usw.)
e Studentenvertretung – politisches Gremium
e Studentenschaft – Gesamtheit aller Studenten
e Studentengemeinde – religiöse Gruppe

H

Der Tor ist ein törichter, naiver, dummer Mensch; ein Narr.

I

Wenn man eine Doktorarbeit schreibt, braucht man einen Professor, der diese Arbeit betreut und die Mentorenrolle übernimmt (Doktorvater).

Verkehr

A

im Wasser: r Einbaum, r Flugzeugträger, r Kahn, s Kanu, s Floß, e Gondel, r Frachter
auf der Erde: s Fuhrwerk, r Schlitten, r Sattelschlepper, e Kutsche, r Gabelstapler, r Wasserwerfer, r Doppeldecker
in der Luft: r Doppeldecker, r Hubschrauber, r Zeppelin, r Senkrechtstarter, e Rakete, r Düsenjäger, e Seilbahn

r Doppeldecker – Flugzeug mit zwei Tragflächen übereinander; Bus mit zwei Etagen, z. B. in Berlin, London
r Einbaum – aus einem ausgehöhlten Baumstamm hergestelltes Boot

r Hubschrauber – Helikopter
r Zeppelin – mit Gas gefülltes, längliches Luftschiff mit Passagierraum, nach dem Erfinder Graf von Zeppelin (1838–1917)
s Fuhrwerk – von Pferden gezogener Wagen für Lasten
r Schlitten – Fahrzeug zum Gleiten auf Schnee und Eis
r Sattelschlepper – vgl. Lösung, *Auto* D
r Kahn – kleines Boot; flaches Lastschiff auf Flüssen
r Düsenjäger – militärisches Kampfflugzeug
s Floß – Wasserfahrzeug aus zusammengebundenen Baumstämmen
e Kutsche – Pferdefuhrzeug zur Personenbeförderung, z. B. Postkutsche
r Frachter – z. B. Cargoschiff
r Gabelstapler – Fahrzeug in einem Lager zum Transport und Heben großer Lasten
r Wasserwerfer – Polizeifahrzeug mit Wasserkanone zum Einsatz gegen Demonstranten
e Seilbahn – z. B. Kabinen, die an einem Seil hängen, das Berg- und Talstation verbindet; auch Skilift, Sesselbahn

B

Die **grüne Welle** ist eine koordinierte Schaltung aller hintereinanderfolgenden Ampeln einer Straße. Sie dient dem fließenden Verkehr, der Verhinderung von Staus.
Das **Überholverbot** dient der Vermeidung von Unfällen, z. B. in Kurven, an unübersichtlichen Stellen, auf engen Straßen.
Die **Richtgeschwindigkeit** dient der Vermeidung von zu langsamem und zu schnellem Fahren auf der Autobahn. Sie ist eine empfohlene Geschwindigkeit z. B. zwischen 80 und 120 Stundenkilometern.
Die **Geschwindigkeitsbeschränkung** dient der Vermeidung von Unfällen, z. B. ist die Fahrgeschwindigkeit in Ortschaften auf 50 Stundenkilometer beschränkt (= begrenzt).

C

z. B. Autobahnen: haben keine Ampeln, sind kreuzungsfrei, erlauben oft unbeschränkte Geschwindigkeit, sind mindestens vierspurig, haben einen Mittelstreifen, sind nicht für alle Fahrzeuge zugelassen, haben keinen Gegenverkehr, haben eine Mindestgeschwindigkeit

D

1. verkehren 2. verkehren 3. verkehrt

E

e Untergrundbahn
e Stadtbahn (von der Deutschen Bahn betrieben; nicht: Straßenbahn)
r Intercity-Express – schnellste Züge der Deutschen Bahn
e Straßenverkehrsordnung
s Unterseeboot

F

Nein. Ein **Verkehrssünder** (ugs.) hat eine Verkehrsregel übertreten. Ein Sünder ist jemand, der gegen ein göttliches oder kirchliches Gebot verstoßen hat. Beichten heißt, seine Sünden bekennen, aussprechen (in der Kirche, bei einem Priester).
Der Verkehrssünder muß, wenn er von der Polizei gefaßt wird, normalerweise eine Strafe zahlen.

G

Verkehr: r Berufsverkehr, s Verkehrschaos, r Verkehrsstau, r Verkehrsfunk, r Verkehrsinfarkt, e Verkehrserziehung, r Güterverkehr, r Urlaubsverkehr, r Geschlechtsverkehr, r Fremdenverkehr

H

Eine **Verkehrssprache** braucht man z. B. in einem Staat, in dem, je nach Region, unterschiedliche Sprachen gesprochen werden. Es ist die Sprache, in der man miteinander verkehrt.

I

Förderung des Fremdenverkehrs

Welt

A

z. B. s Weltende, r Weltuntergang, e Theaterwelt, s Welttheater, e Weltanschauung, e Weltmeisterschaft, s Weltall, r Weltraum, r Weltmarkt, r Weltkrieg, e Weltgeschichte, e Zirkuswelt

B

1. -fremd   2. -bewegende   3. -weit

C

1. die Erde   2. des Weltraums   3. der Welt

D

e Umwelt – das Ambiente; das Milieu; gesamte Umgebung eines Organismus; natürlicher, kultureller Lebensraum des Menschen
e Nachwelt – die späteren Generationen; die später Lebenden
e Unterwelt – Verbrecherwelt; mythologisch: Welt der Toten
e Oberwelt – unsere irdische Welt; die Erde (aus der Sicht des Totenreichs)
e Scheinwelt – nur in der Vorstellung existierende Welt; irreale Welt

E

e Weltkugel = r Globus
e Erdkugel = e Erde, unser Planet
e Himmelskugel = r Himmel, s Himmelsgewölbe

F

e Menschenfeindlichkeit (= e Misanthropie)
Der Satz stammt von Karl Kraus (1874–1936), österreichischer Schriftsteller, Satiriker.

G

r Weltenbummler – jemand, der viel privat durch die Welt reist, z. B. der verstorbene englische Schriftsteller Somerset Maugham

r Weltverbesserer – jemand, der die Welt besser machen will, z. B. Mahatma Ghandi
r Weltbürger – Kosmopolit; jemand, der sich in der ganzen Welt zu Hause fühlt, nicht nur in einem Land oder Staat; philosophisches Ideal; politische Vision (vgl. Vereinte Nationen)
r Weltmeister – Person oder Mannschaft, die als die beste der Welt ausgezeichnet wurde, z. B. 1990 die deutsche Fußballmannschaft

H

e Weltanschauung – die Art, wie der Mensch die Welt und ihren Sinn und sein Dasein in der Welt sieht und beurteilt
r Weltschmerz – Schmerz/Trauer über die Unvollkommenheit der Welt gegenüber dem eigenen Wollen und den eigenen Idealvorstellungen von der Welt

I

Die Suche nach bestimmten Pflanzen, deren Anbau, auch deren Raub und Kultivierung in neuen Ländern und Kontinenten haben sowohl die wirtschaftlichen wie auch die politischen Verhältnisse im Laufe der Weltgeschichte bestimmt. Besondere Auswirkungen hatten: **r Pfeffer, e Kartoffel, r Tee, s Zuckerrohr**. Das chinesische Monopol auf Tee wurde z. B. gebrochen, indem Teepflanzen geraubt und im englischen Kolonialreich (Indien, Ceylon) angebaut wurden, wodurch sich der Reichtum Englands vermehrte und Indien und Sri Lanka heute eine erhebliche Einnahmequelle haben. Der Reichtum der italienischen Stadtstaaten Venedig und Genua beruhte zum Teil auf dem Pfefferhandel; die Niederlande haben von den Gewürzen ihrer ostindischen (= indonesischen) Kolonien erheblich profitiert usw.

Wetter

A

z. B. r Regen, r Hagel, r Sonnenschein, r Schnee, r Wind, r Nebel, s Gewitter, e Temperatur, e Luftfeuchtigkeit, e Bewölkung

B

s Herbstwetter, schönes Wetter, kontinentales Klima, s Urlaubswetter, tropisches Klima, s Betriebsklima, s Wanderwetter, s Mikroklima

C

z. B. von wenig zu viel:
tröpfeln – nieseln – regnen – gießen – schütten

D

wettern bedeutet nicht: das Wetter ändert sich

E

April hat sehr wechselhaftes Wetter.

F

Wahrscheinlich bleiben Sie zu Hause und gehen nicht auf die Straße.

G

r Wetterhahn – metallener Anzeiger der Windrichtung in Form eines Hahnes, oft auf Kirchtürmen
s Wetterhäuschen – Wetteranzeiger; Modell eines Häuschens mit den Figuren eines Mannes und einer Frau, die je nach Luftfeuchtigkeit vor dem Häuschen erscheinen oder darin bleiben
s Wetterleuchten – Aufleuchten weit entfernter Blitze (ohne Donner)
r Wetterprophet (ugs.) – jemand, der das Wetter vorhersagen kann; Meteorologe
e Wetterfahne – metallene Fahne auf dem Dach zur Anzeige der Windrichtung
r Wetterfrosch – vgl. Lösung *Tiere II,* B
r Wettersturz – plötzliches Sinken der Temperaturen und des Luftdrucks; plötzliche Wetteränderung zum Schlechten
e Wetterseite – Seite eines Hauses, Berges, die der Richtung zugewandt ist, aus der normalerweise der Wind kommt

H

Dem Föhn wird *alles* in die Schuhe geschoben; er wird gern als Entschuldigung für menschliche Schwächen und Fehler benutzt.

I

Wetter – bleibt – ist

Wirtschaft

A

z. B. e Gastwirtschaft, r Wirtschaftsführer, e Weltwirtschaft, r Wirtschaftskrieg, e Wirtschaftswissenschaft, e Geldwirtschaft, e Warenwirtschaft, r Wirtschaftsgipfel, e Betriebswirtschaft, s Wirtschaftswunder

B

s Steuereinkommen – e Einkommensteuer
e Kapitalflucht – s Fluchtkapital
r Wirtschaftsplan – e Planwirtschaft
e Exportwaren – r Warenexport
e Wirtschaftskrise – e Krisenwirtschaft
e Preisliste – r Listenpreis
e Arbeitszeit – e Zeitarbeit

C

e Volkswirtschaft – Nationalökonomie; Gesamtheit der Wirtschaft eines Volkes/Staates
e Betriebswirtschaft – Wissenschaft von den Betrieben und Unternehmen; Teil der Wirtschaftswissenschaft

D

Gastwirtschaft: das Wort bezeichnet ein einfaches Restaurant. Die anderen Ausdrücke kommen aus der Wirtschaftssprache.

E

GmbH – Gesellschaft mit beschränkter Haftung. Mitglieder haften in Höhe einer bestimmten Einlage (= Einzahlung pro Mitglied)
e. V. – eingetragener Verein. In Deutschland muß jeder Verein offiziell registriert sein und eine bestimmte Rechtsform haben.
& Co. – Abkürzung für „und Kompagnie" (französisch *compagnie*, englisch *company*), auch: Kompagnon, z. B. Meyer und Co.; Kennzeichnung einer Handelsgesellschaftsform; auch: Komp., Cie.
KG – Kommanditgesellschaft; Handelsgesellschaft, bei der mindestens ein Teilhaber mit seinem gesamten Vermögen einstehen muß, wenn der Bankrott eintritt, also nicht nur in Höhe seiner Beteiligung
AG – Aktiengesellschaft. Das Kapital kommt durch Verkauf von Aktien zustande.

F

Hier wird weder die Wirtschaftslage noch eine Gastwirtschaft beurteilt. Es handelt sich um einen kritischen bis empörten Ausspruch über eine Organisation, eine Firma, einen Arbeitsvorgang, wenn etwas nicht funktioniert.

G

s **Termingeschäft** – Zeitgeschäft; Geld-/Aktiengeschäft, das nicht bei Vertragsabschluß, sondern zu einem späteren Termin, aber zum gleichen Geldkurs erfolgen soll; Spekulation mit steigendem Geld- oder Aktienwert

H

Es lohnt sich; das Verhältnis zwischen Preis und Leistung (= Wert der Ware/der Dienstleistung) ist in Ordnung.

I

r Wirtschaftswissenschaftler

Wort

A

s Wortfeld – Wörter, die ihrer Bedeutung, ihrem Sinn nach zusammengehören, z. B. Autobahn, Straße, Fahrweg, Allee
r Wortführer – jemand, der für eine Gruppe spricht, das Wort führt
s Wortgefecht – Streit mit Worten
e Wortschöpfung – Schöpfung eines neuen Wortes, z. B. durch neue technische Erfindungen
r Wortbruch – Bruch eines Versprechens; jemand hat sein Versprechen nicht gehalten
r Wortwechsel – (lauter) Streit mit Worten
r Wortschwall – Ausbruch mit einer Fülle von Worten, „wie ein Wasserfall"
r Wortlaut – wörtlicher Inhalt, wörtlicher Text

B

1. Worte 2. -wörter 3. Wörter 4. Worte

C

s **Lösungswort** – gesuchtes Wort bei einem Rätsel
s **Losungswort** – Kennwort (Militärsprache)
s **Stichwort** – (in Nachschlagewerken) Wort, das erklärt wird
s **Schlagwort** – treffendes, vielgebrauchtes Wort zur Kennzeichnung einer Zeiterscheinung, z. B. „Ende der Geschichte", „postmoderne Gesellschaft"; (in der Bibliothek) Stichwort, Kennwort, das den Inhalt eines Buches kennzeichnet, meist Teil des Buchtitels (Schlagwortkatalog)
s **Paßwort** – vgl. *Losungswort*; auch Geheimwort, das Computerbenutzung ermöglicht

D

Ja, das kann man.
Er nahm ...: Er sagte etwas, was man selbst gerade sagen wollte.
Er dreht ...: Egal, was man sagt, er interpretiert es immer in seinem Sinn, man bekommt dabei nie recht.
Er verlor ...: Er sagte nichts darüber.
Er führte ...: Er redete andauernd.
Wer möchte ...: Wer möchte etwas sagen?

E

s Kreuzworträtsel

F

Wörterbuch!!

G

Große Worte sind oft etwas pathetische, unglaubwürdige, angeberische Reden.
Ein offenes Wort ist ein ehrliches Wort/Gespräch.
Ein wahres Wort bedeutet die Wahrheit.
Das letzte Wort bedeutet: jemand will/muß in einem Gespräch/einer Diskussion das letzte Wort haben, er will recht haben, seine Meinung durchsetzen.
Warme Worte sind soviel wie herzliche Worte, eine herzliche Rede.
Schöne Worte sind oft nur Oberfläche, Fassade ohne eine Entsprechung in der Wirklichkeit, z. B. bei Festreden, Eröffnungsansprachen bei Kongressen; auch: leere Versprechungen.

H

Das kommt darauf an. Jedenfalls ist sie jetzt mit ihm verheiratet. Das Jawort bedeutet das „Ja" bei der Eheschließung.

I

„Schnell fertig ..." – aus *Wallensteins Tod* von Friedrich Schiller
„Du sprichst ..." – aus *Iphigenie* I, 3 von Johann Wolfgang von Goethe

Zeit

A

z. B. e Reisezeit, e Uhrzeit, e Urzeit, e Sommer-/Winterzeit, e Arbeitszeit, e Urlaubszeit, e Zeitnot, e Notzeit, e Hochzeit, e Zeitschrift, r Zeitpunkt, r Zeitgenosse, e Steinzeit, e Zeitverschwendung, s Zeitwort, e Freizeit

B

r Zeitraum – Zeitabschnitt
r Zeitmesser – Uhr
r Zeitaufwand – Zeit, die man z. B. für eine Arbeit/Tätigkeit benötigt
r Zeitvertreib – was man tut, um die Zeit zu vertreiben (= totzuschlagen); Unterhaltung; Hobby
e Zeitreise – aus Zukunftsromanen/-filmen: Reise, die mit Hilfe einer Zeitmaschine in eine andere Zeit führt
e Zeitenwende – Beginn der christlichen Zeitrechnung; die Jahre vor und nach Christi Geburt (v. Chr./n. Chr.) werden von diesem Zeitpunkt an gezählt
e Zeitlupe – vgl. Lösung *Film, C*
r Zeitgeist – geistige Haltung, die typisch für eine Zeit ist

C

1. zeitig 2. zeitlich 3. zeitloser

D

Zeitvertrag – Zeitarbeit – Zeitlohn

Die Gewerkschaften sind skeptisch gegenüber Zeitverträgen, da sie für ihre Mitglieder, die Arbeitnehmer, feste permanente Arbeitsverträge erreichen wollen, während Zeitverträge keine langfristige Sicherheit bieten.

E

ZEIT – WEIT – WEIN – BEIN

F

Zeit ist Geld. – Zeit wird hier nur als Zeit interpretiert, in der man arbeiten und Geld verdienen kann. (Warnung vor Zeitverschwendung/Aufforderung zur Arbeit)
Eile mit Weile. – Beeil dich, aber mach auch Pausen. Weilen/verweilen = ein bißchen bleiben, sich ausruhen (Ratschlag)
Kommt Zeit, kommt Rat. – Der Rat wird sich mit der Zeit einstellen; man muß warten können, wenn man eine Lösung sucht (Ratschlag)
Die Zeit heilt Wunden. – Schmerzen, auch psychische, lassen auf die Dauer nach, bis man sie vergessen hat. (Trost)

G

Der moderne Mensch leidet vielfach unter **Zeitmangel**, er hat „keine Zeit“.

H

z. B. sparen, vertreiben, verschwenden, totschlagen, investieren, verbringen, messen, stoppen, festlegen, gewinnen, verlieren, finden, nehmen, zur Verfügung stellen, nützen

I

e Sonnenuhr, e Sanduhr, e Wasseruhr

Bildquellen

Albert Anker (1831–1910) (S. 60); Ernst Hürlimann, München (S. 28); Österreichische Nationalbibliothek, Wien: Cod. Ser. nov. 2644, fol. 99 v (Tacuinum sanitatis) (S. 23); Marlene Pohle, Stuttgart (S. 8, 21, 34, 43, 52, 56, 66, 83, 87); Jupp Wolter, Lohmar (S. 59).